IN FARBENBUCH, EIN ÜBERRASCHUNGSBUCH, EIN SPASSUNDSPIELBUCH,

VON BILDERN ... C WIE DIE NASE DES CLOWNS, I WIE DER STACHEL DES

EN IN BILDERN ... ALS ANREGUNG ZUM WEITERDENKEN, WEITERSUCHEN,

T WIE TROMPETE, T WIE TISCH, T WIE TASTE,

FÜR CARLA FE UND LEON ANDERS

A B C

X Y Z

d   deutsch
e   english
f   français
i   italiano
p   português
e   español

... EIN SECHSUNDZWANZIGBUCHSTABENBUCH

VON BARBARA UND GERD BAUMANN

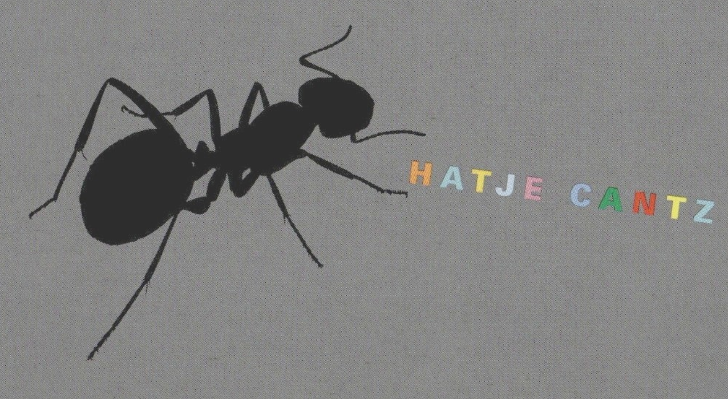

HATJE CANTZ

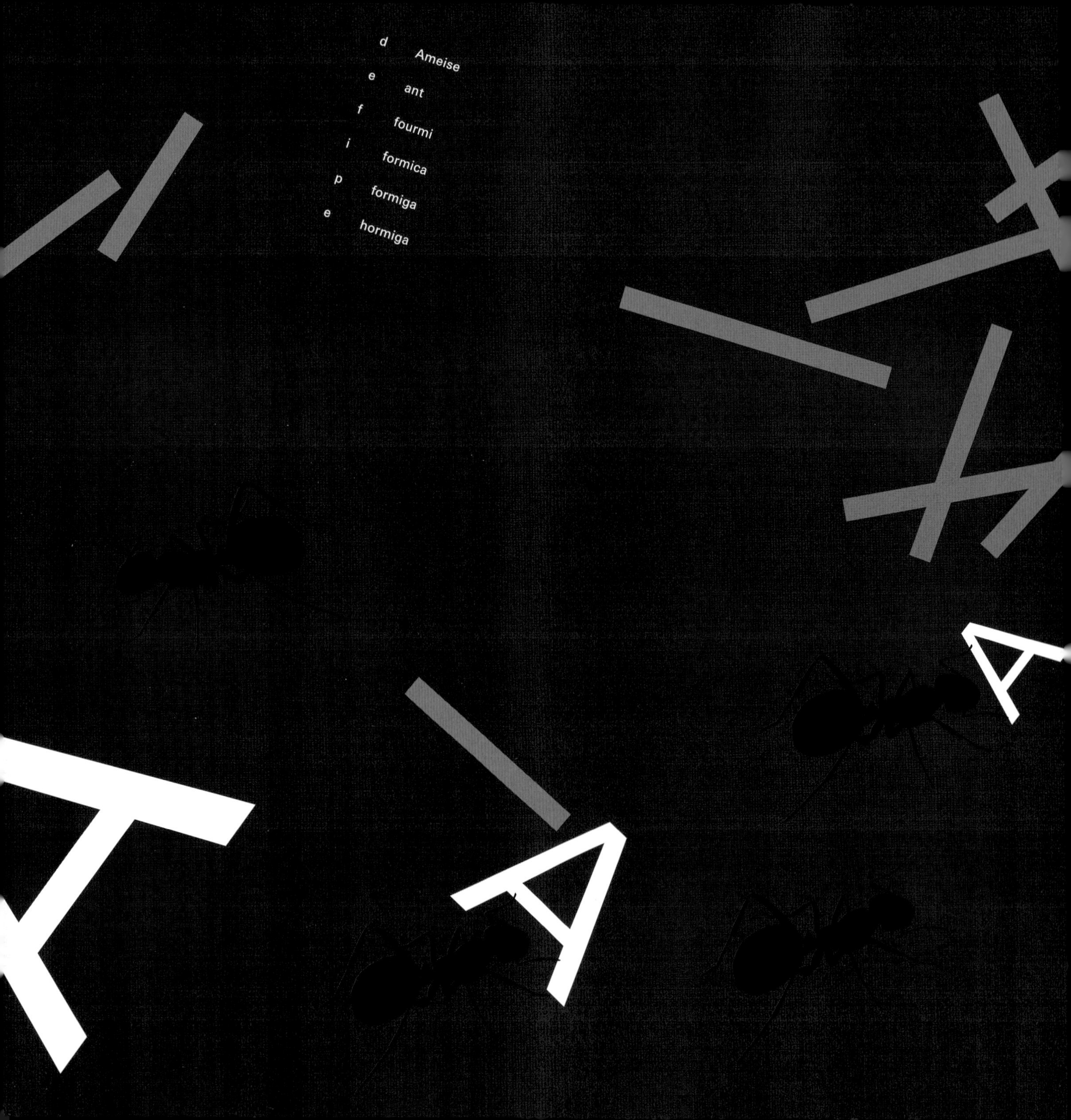

d	Ameise
e	ant
f	fourmi
i	formica
p	formiga
e	hormiga

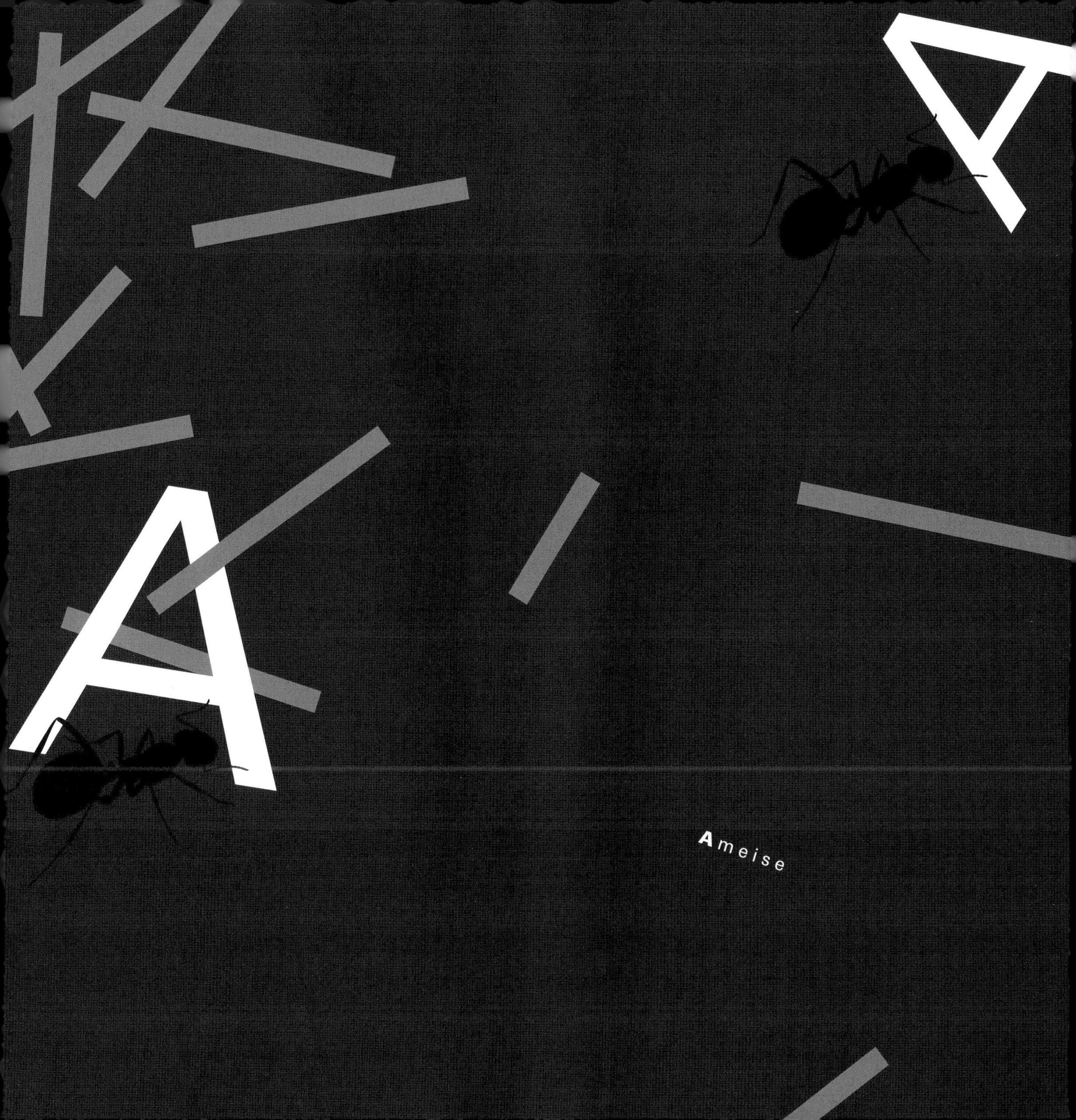

Ameise

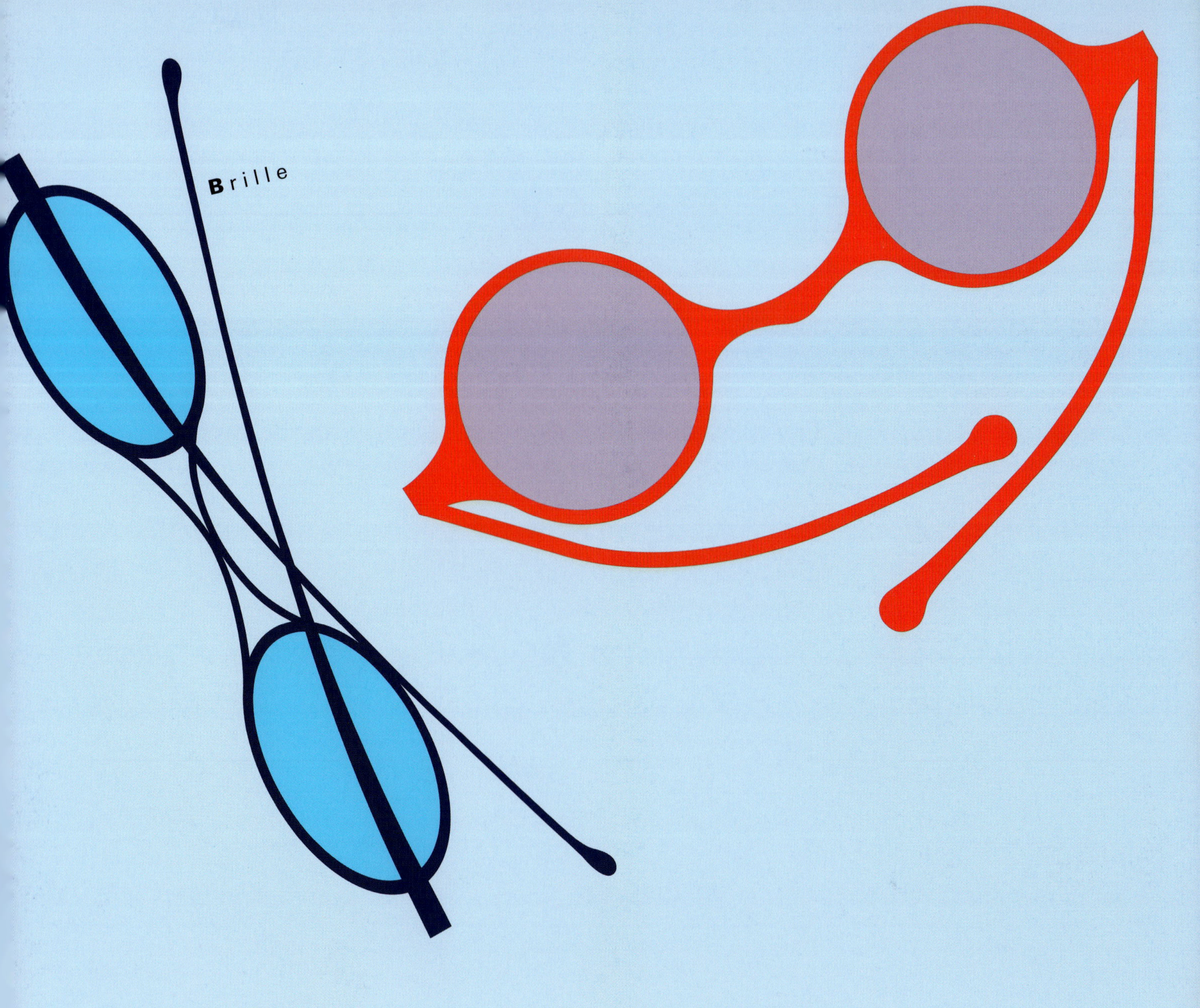
Brille

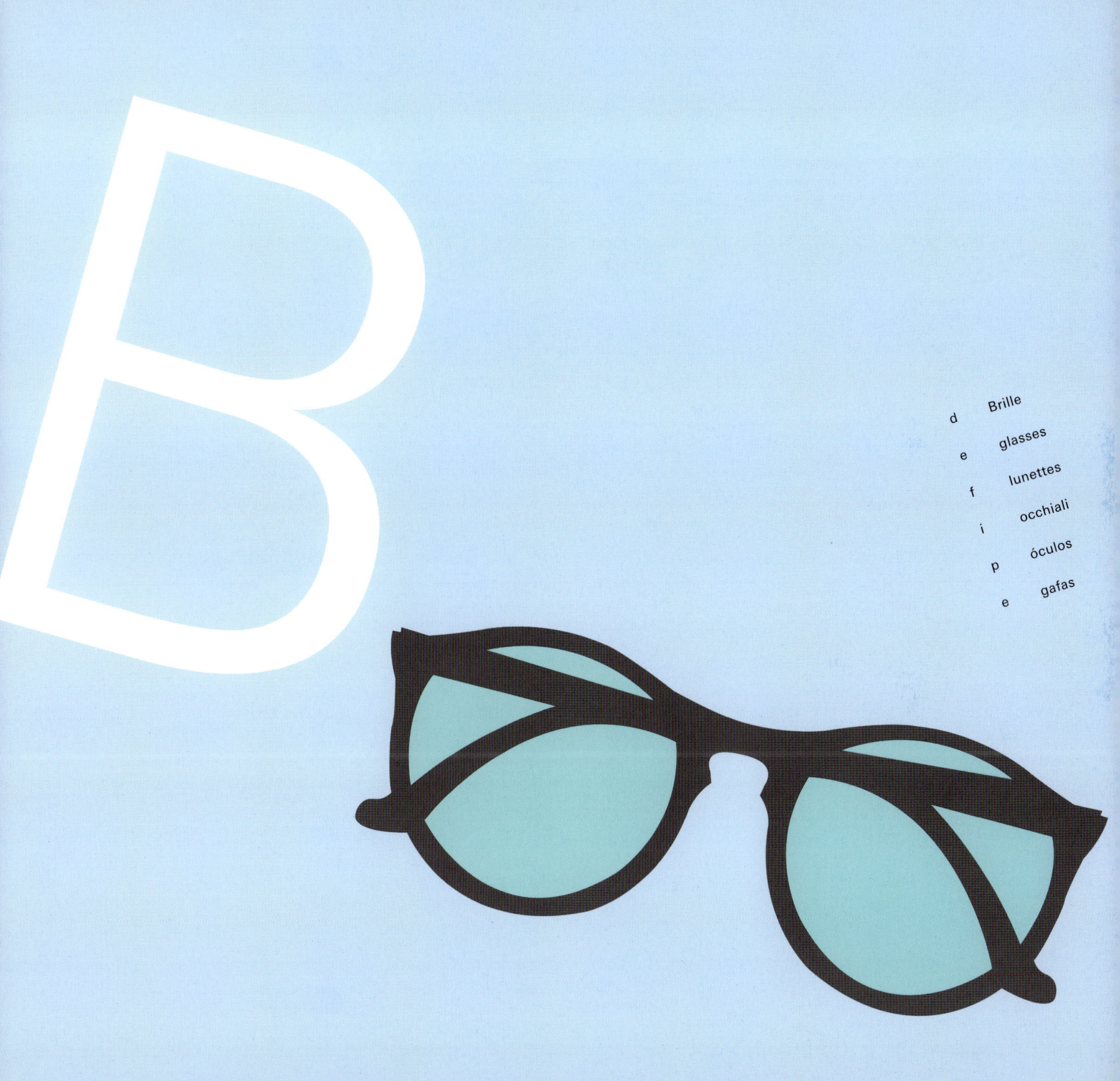
d   Brille
e   glasses
f   lunettes
i   occhiali
p   óculos
e   gafas

c

l

o

w

n

d   Clown

e   clown

f   clown

i   pagliaccio

p   palhaço

e   payaso

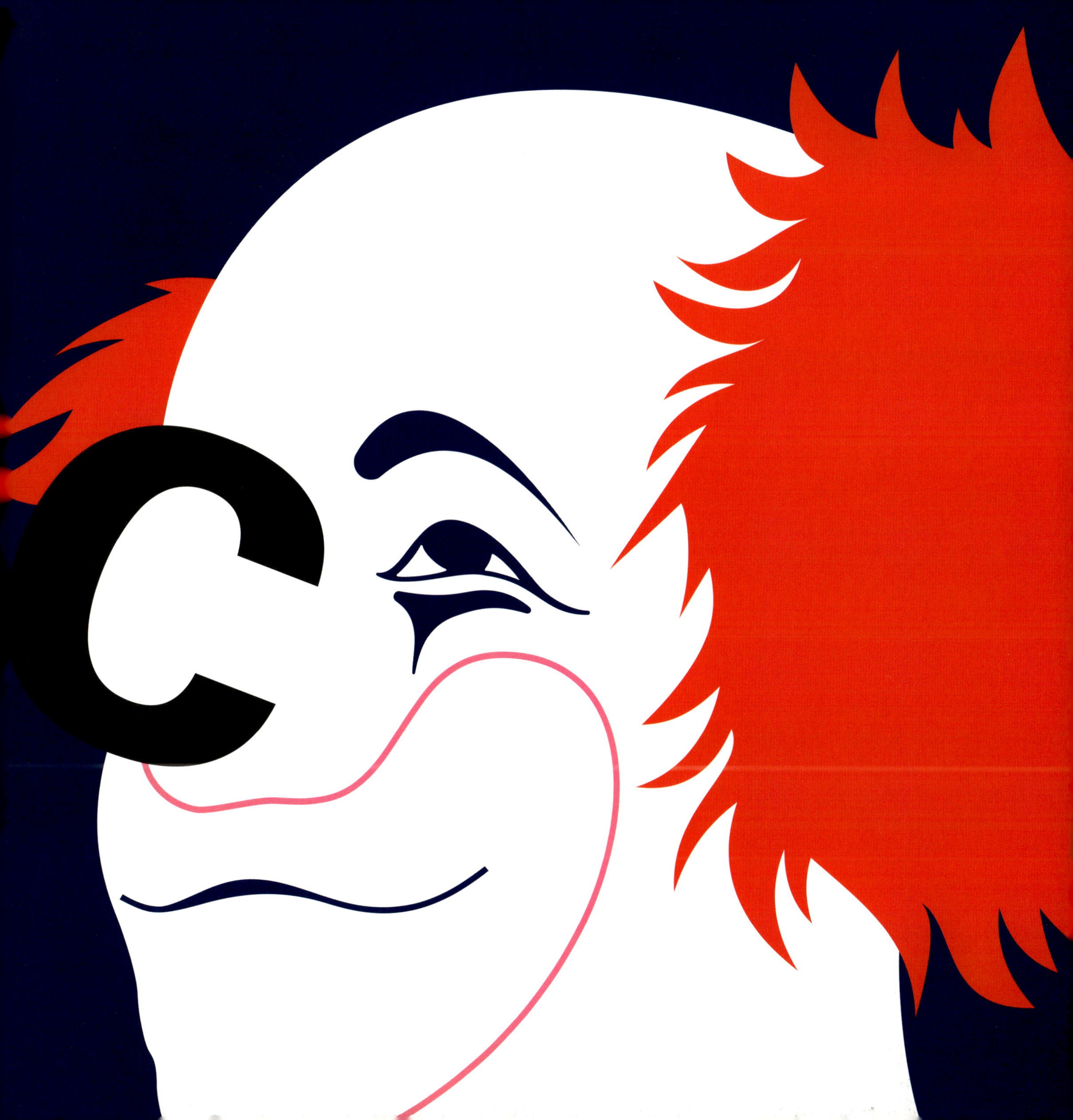

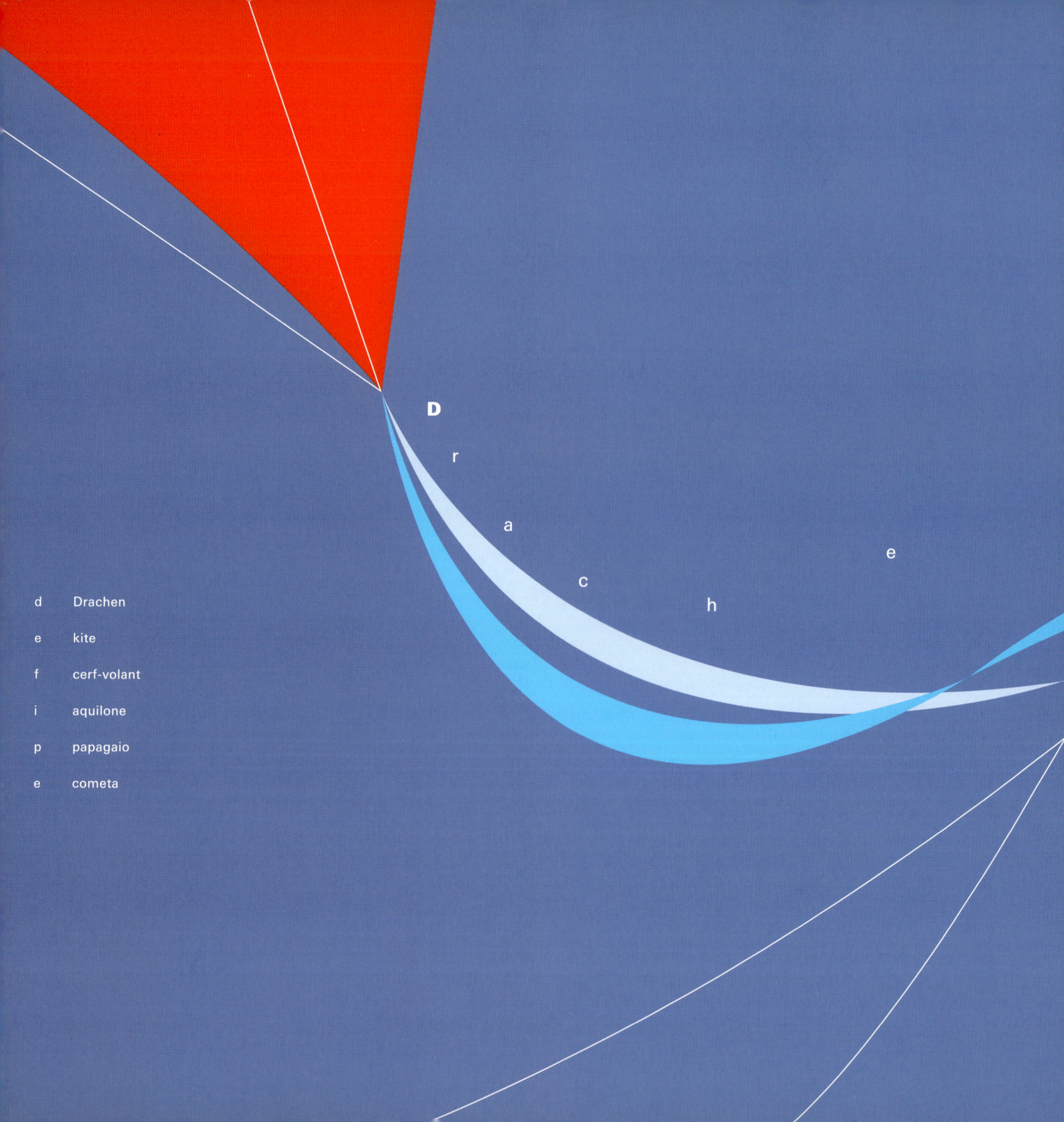

d   Drachen
e   kite
f   cerf-volant
i   aquilone
p   papagaio
e   cometa

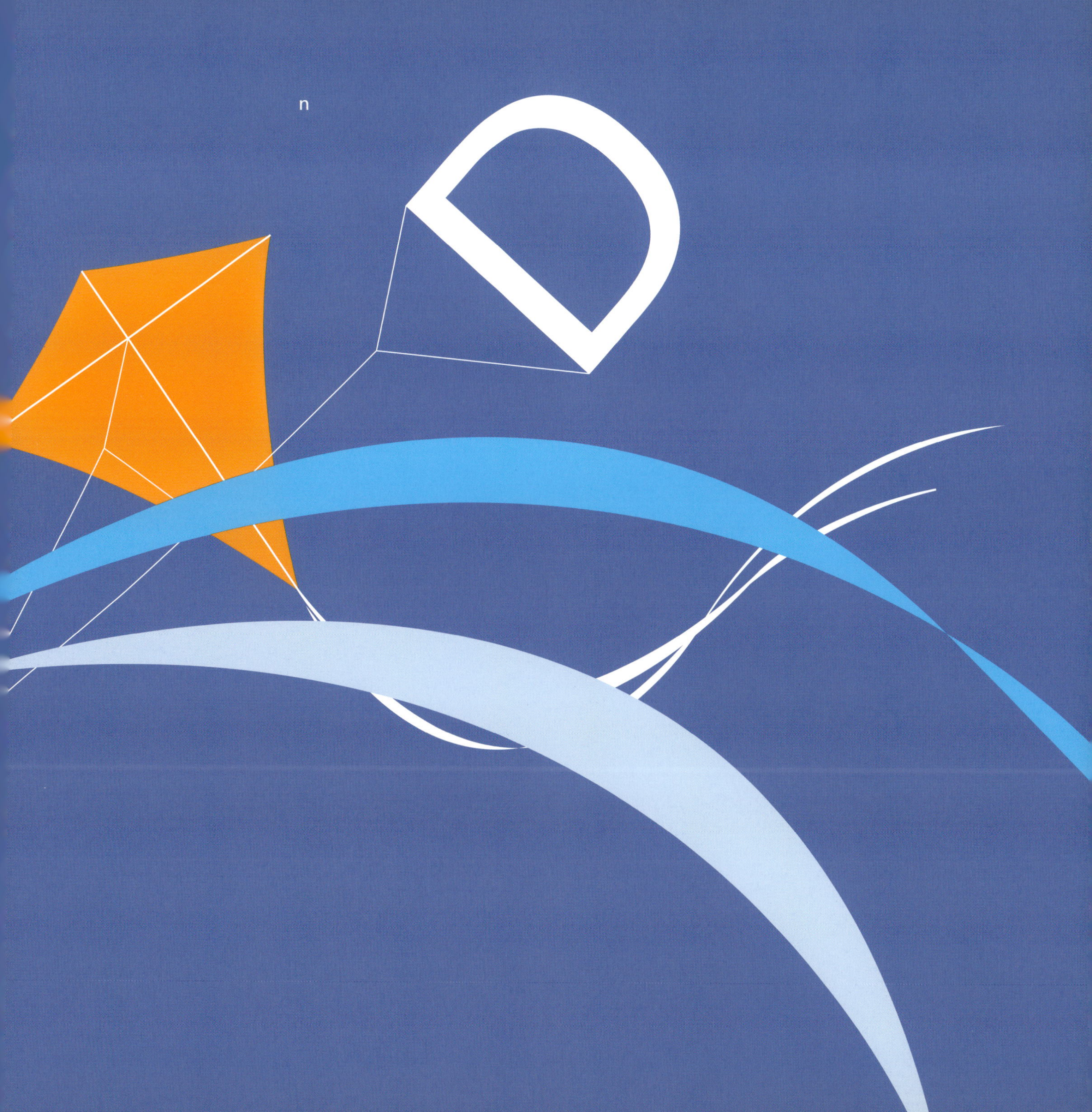

d   Ecke
e   corner
f   coin
i   angolo
p   canto
e   rincón

Farbe

Farbe d
color e
couleur f
colore i
cor p
color e

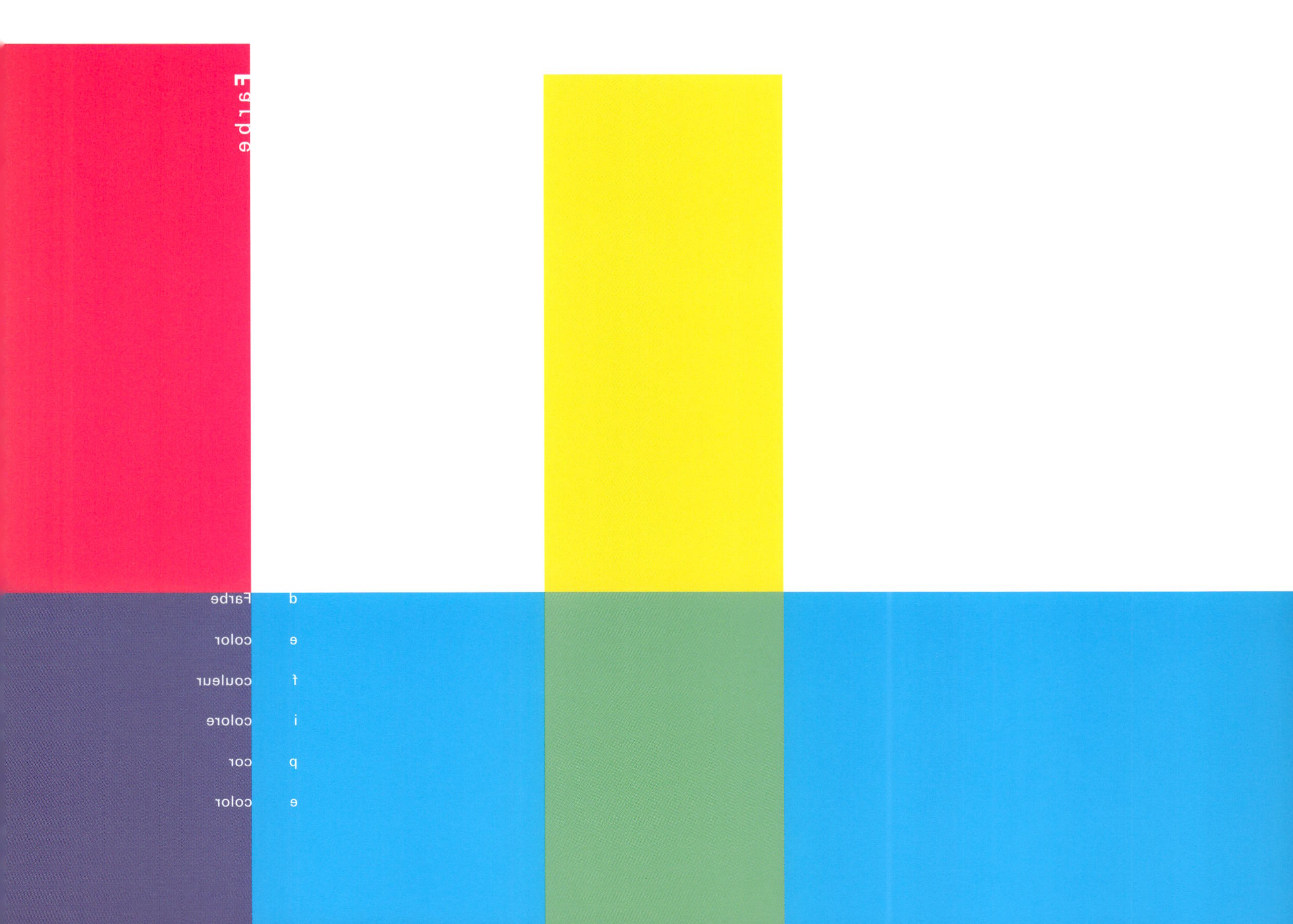

Farbe
color
couleur
colore
cor
color

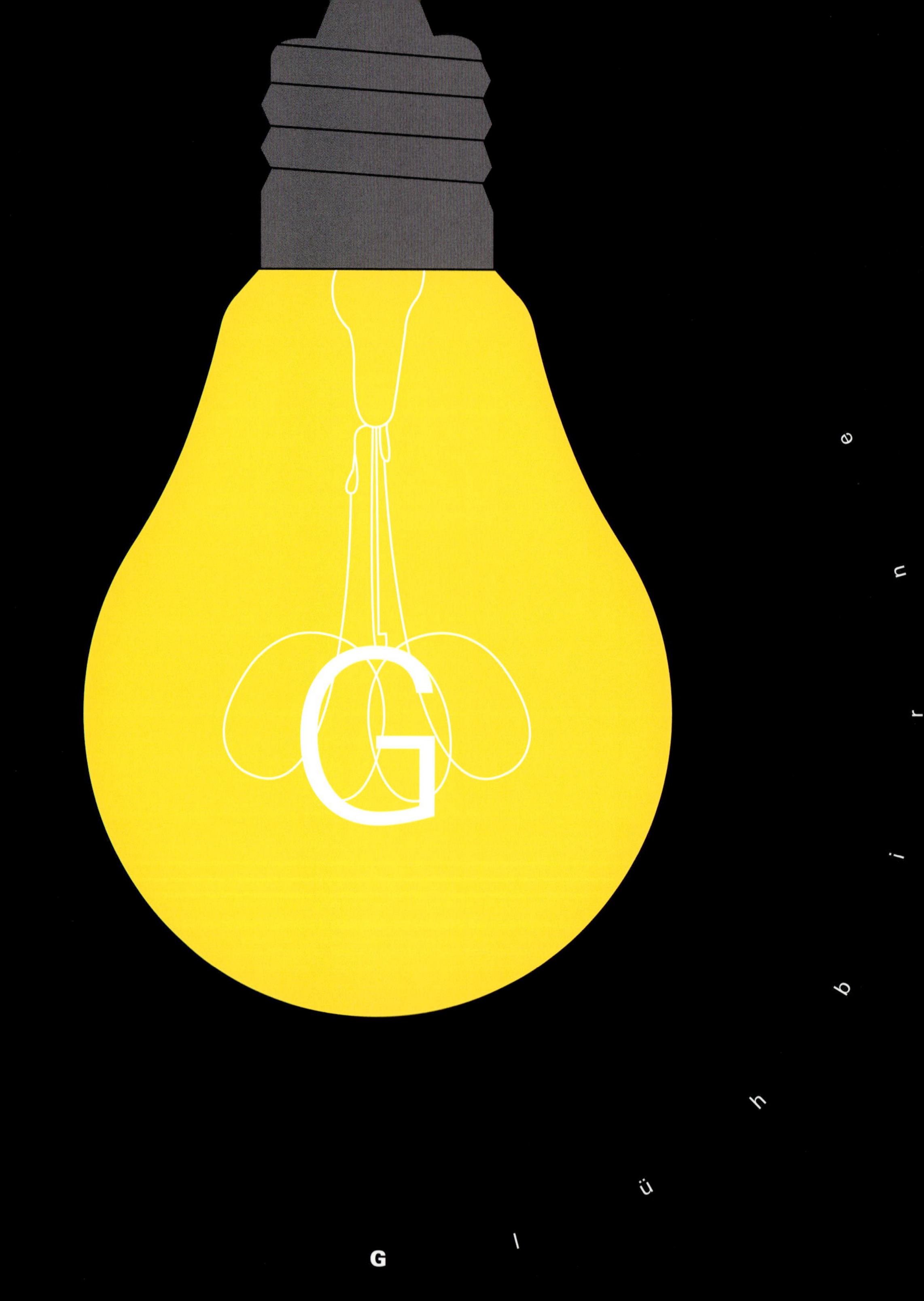
G
e
n
r
i
b
h
ü
G
l

d   Glühbirne

e   lightbulb

f   ampoule

i   lampadina

p   lâmpada eléctrica

e   bombilla

Haus

d   Haus

e   house

f   maison

i   casa

p   casa

e   casa

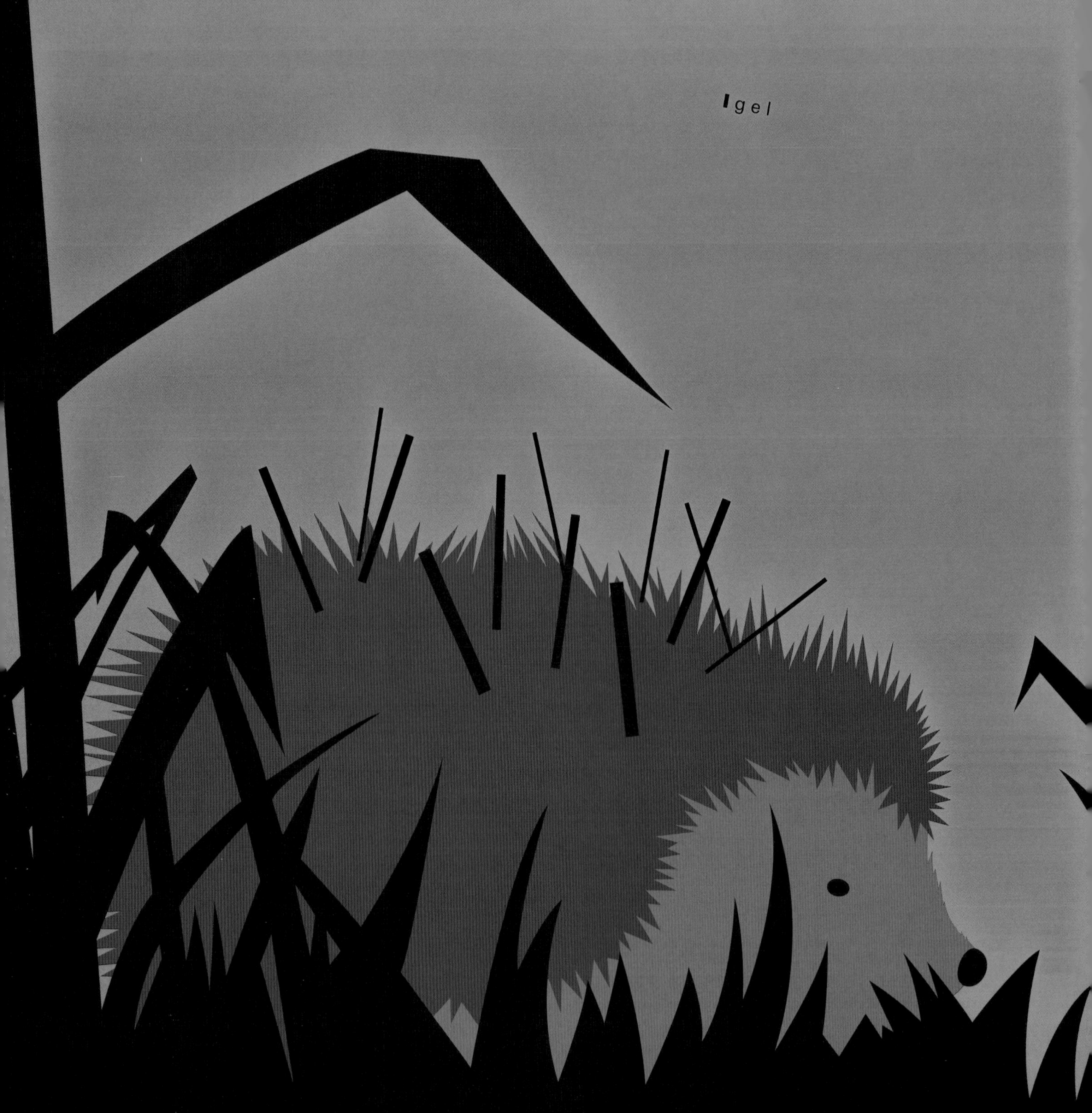

Igel

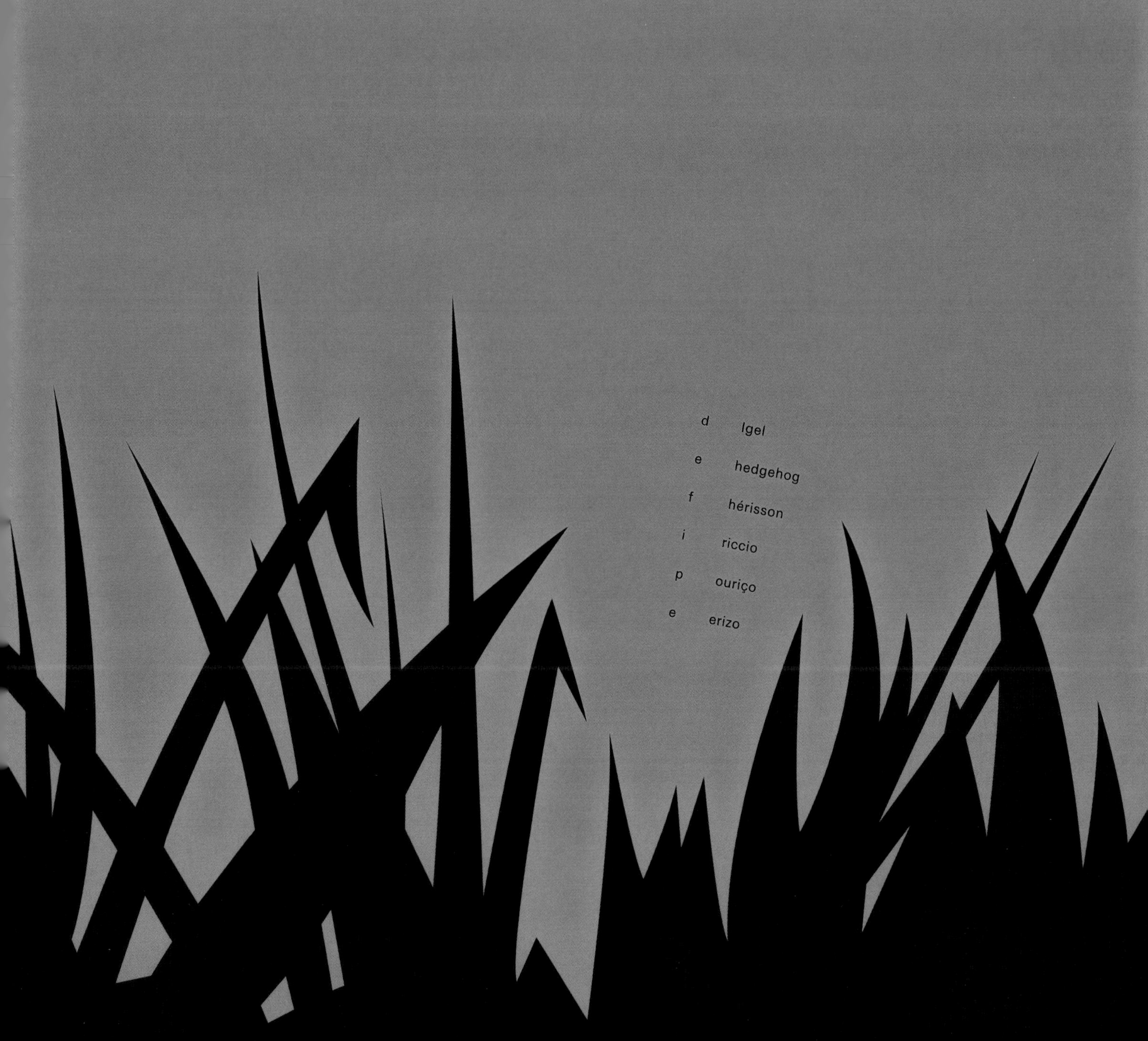

d   Igel
e   hedgehog
f   hérisson
i   riccio
p   ouriço
e   erizo

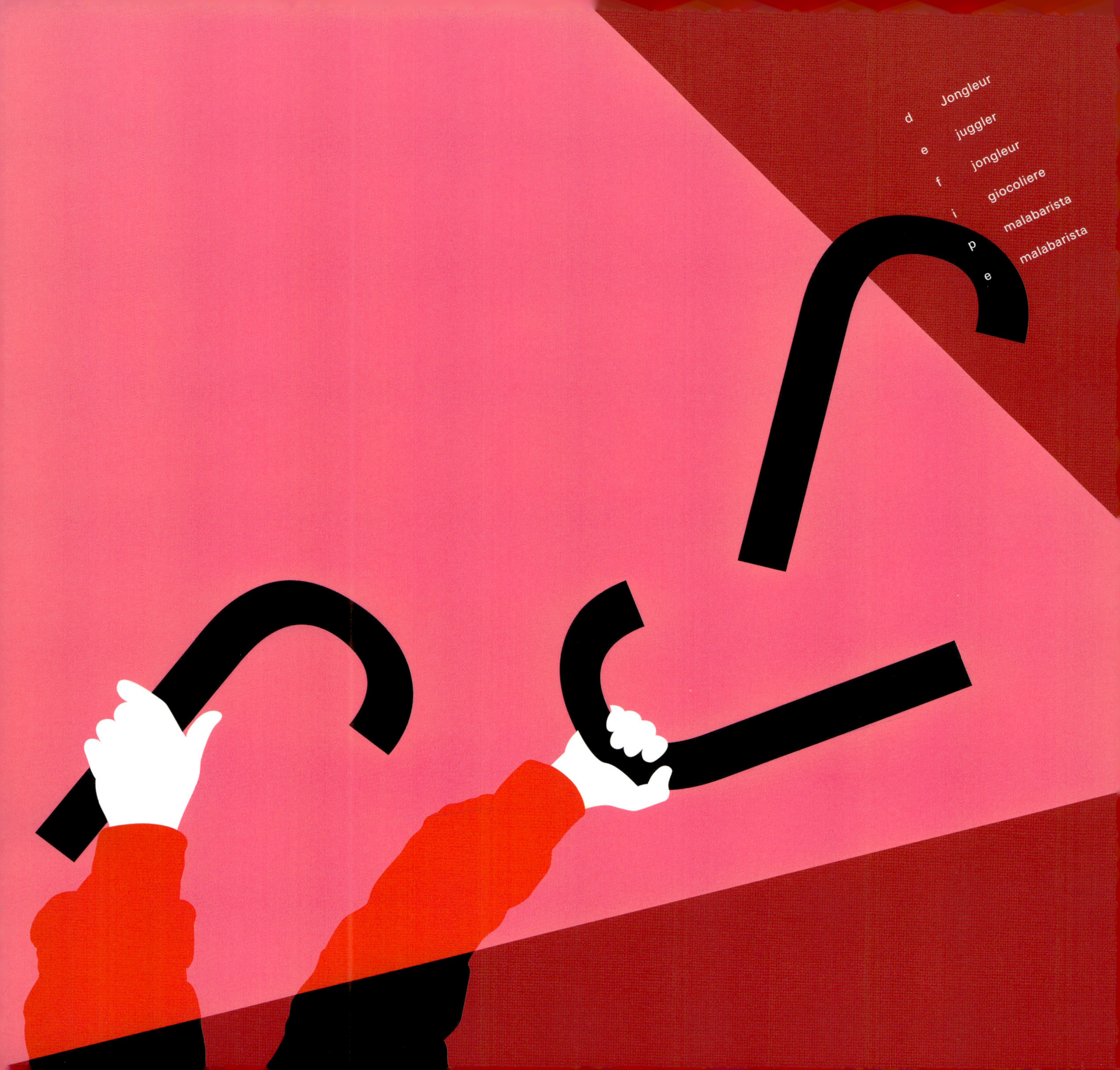
Jongleur
juggler
jongleur
giocoliere
malabarista
malabarista

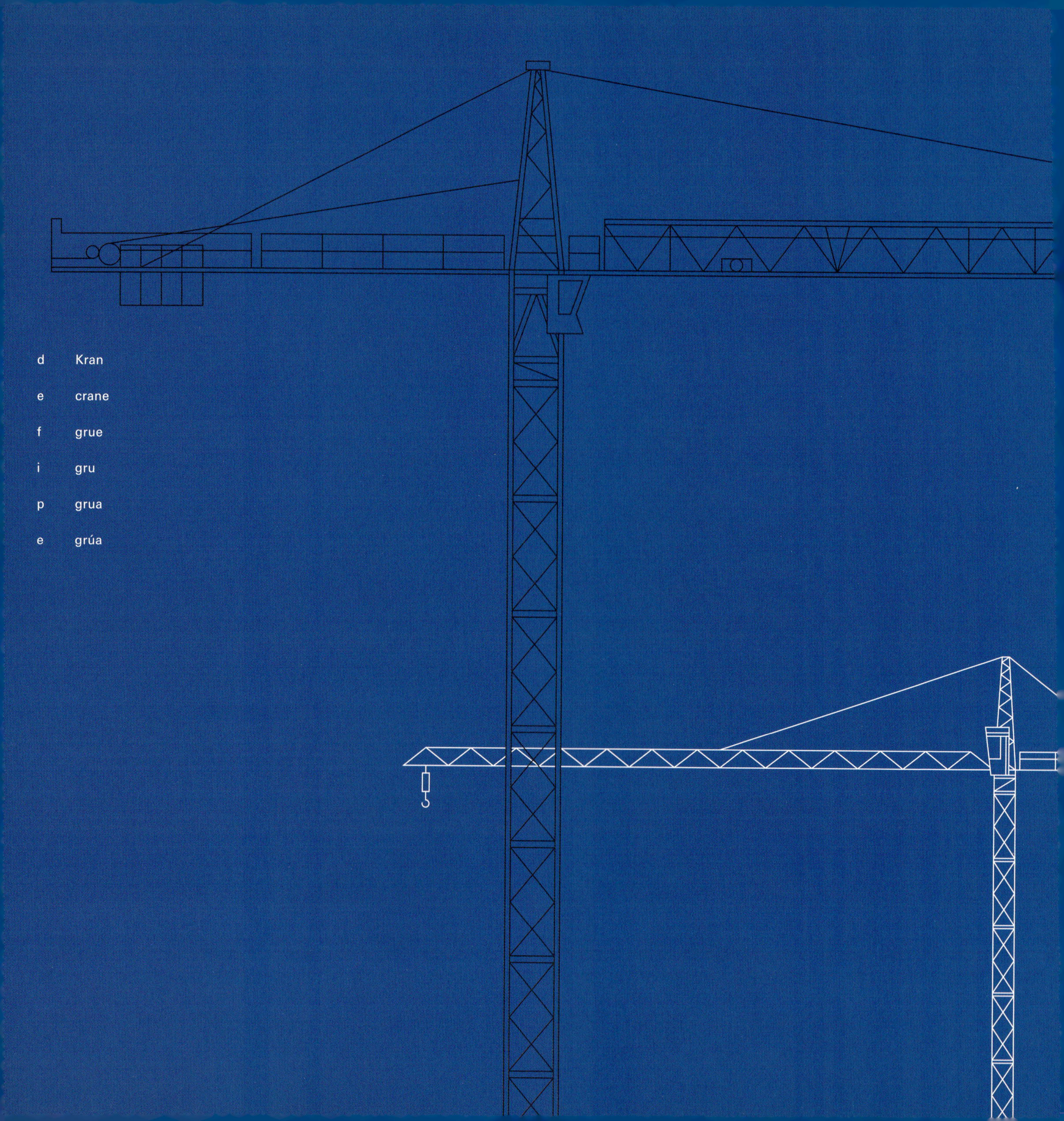

d	Kran
e	crane
f	grue
i	gru
p	grua
e	grúa

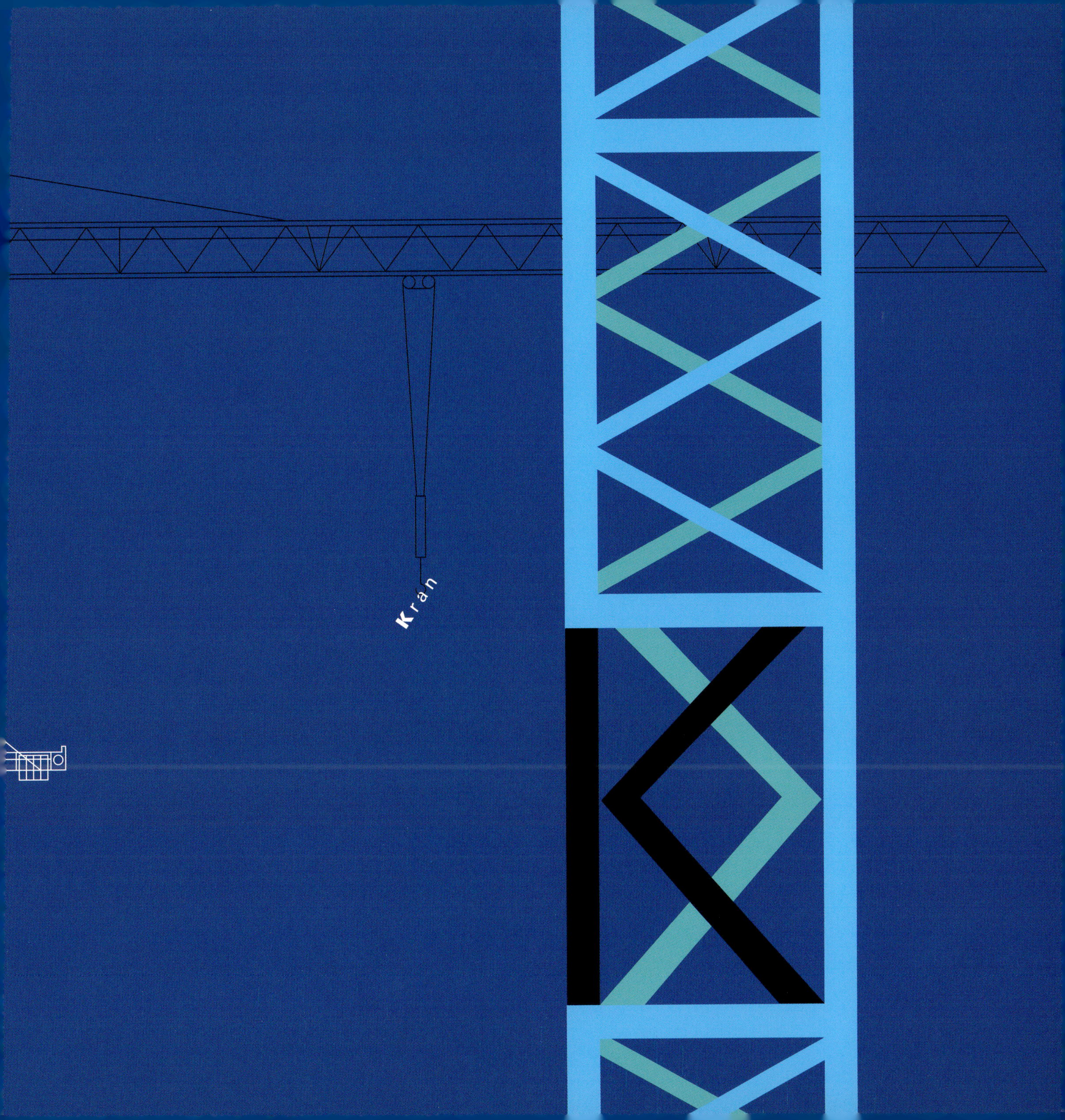

Kran

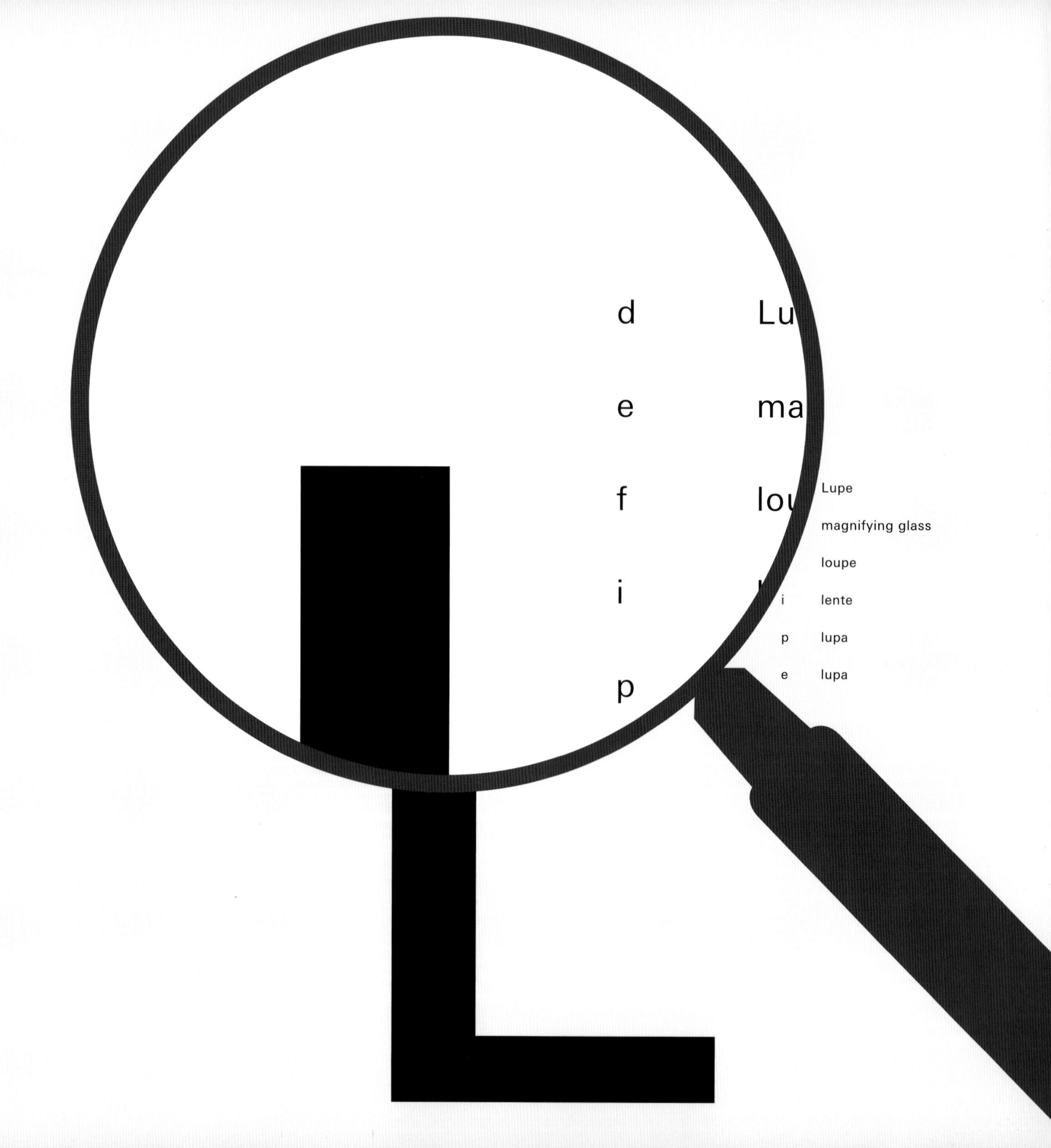
d
e
f
i
p
Lu
ma
lou
Lupe
magnifying glass
loupe
lente
lupa
lupa

Lupe

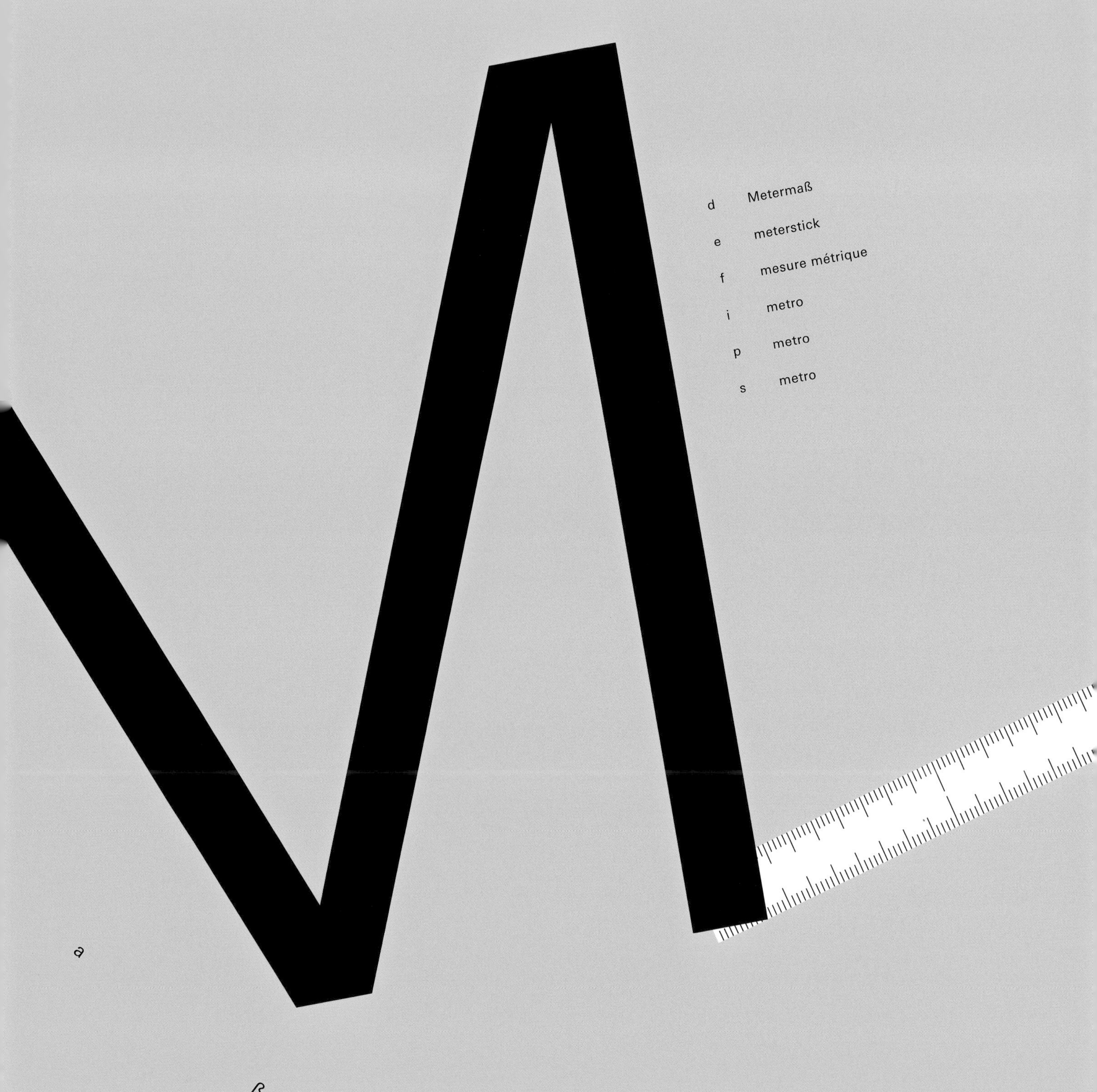

d   Metermaß
e   meterstick
f   mesure métrique
i   metro
p   metro
s   metro

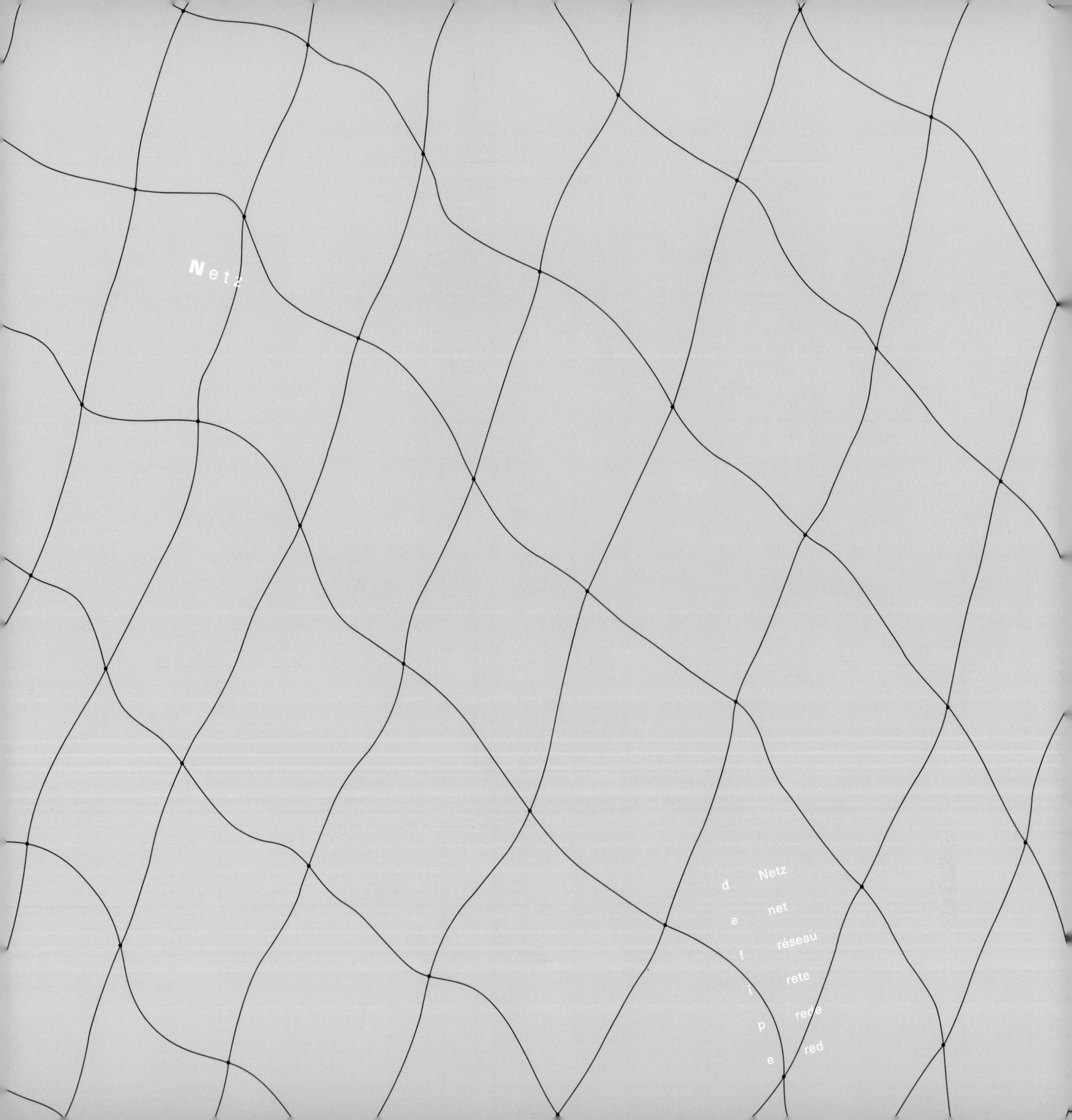

Netz
d   Netz
e   net
f   réseau
i   rete
p   rede
e   red

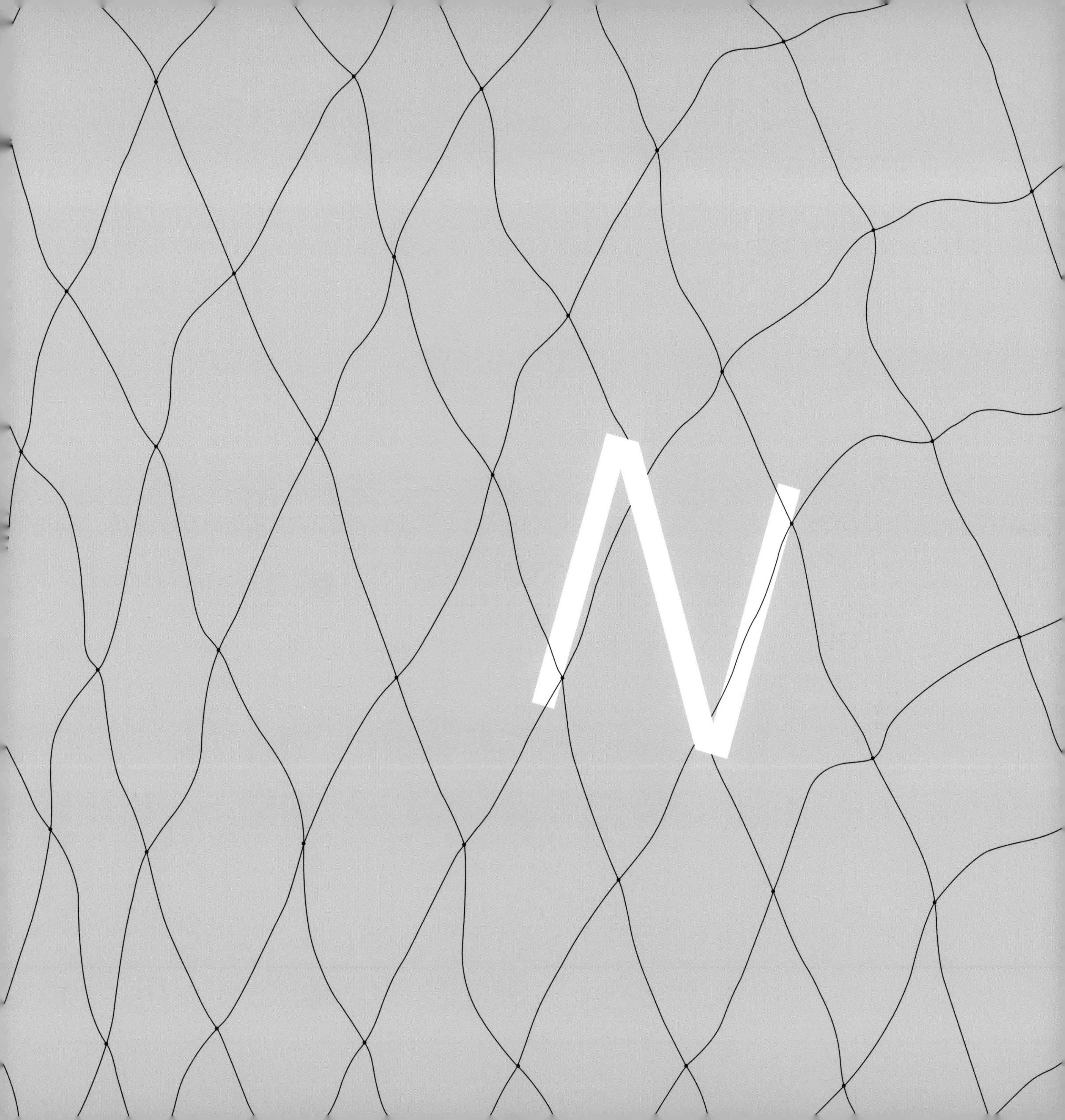

d	Loch

e	hole

f	trou

i	buco

p	buraco

e	agujero

L
o
c
h
LOCH

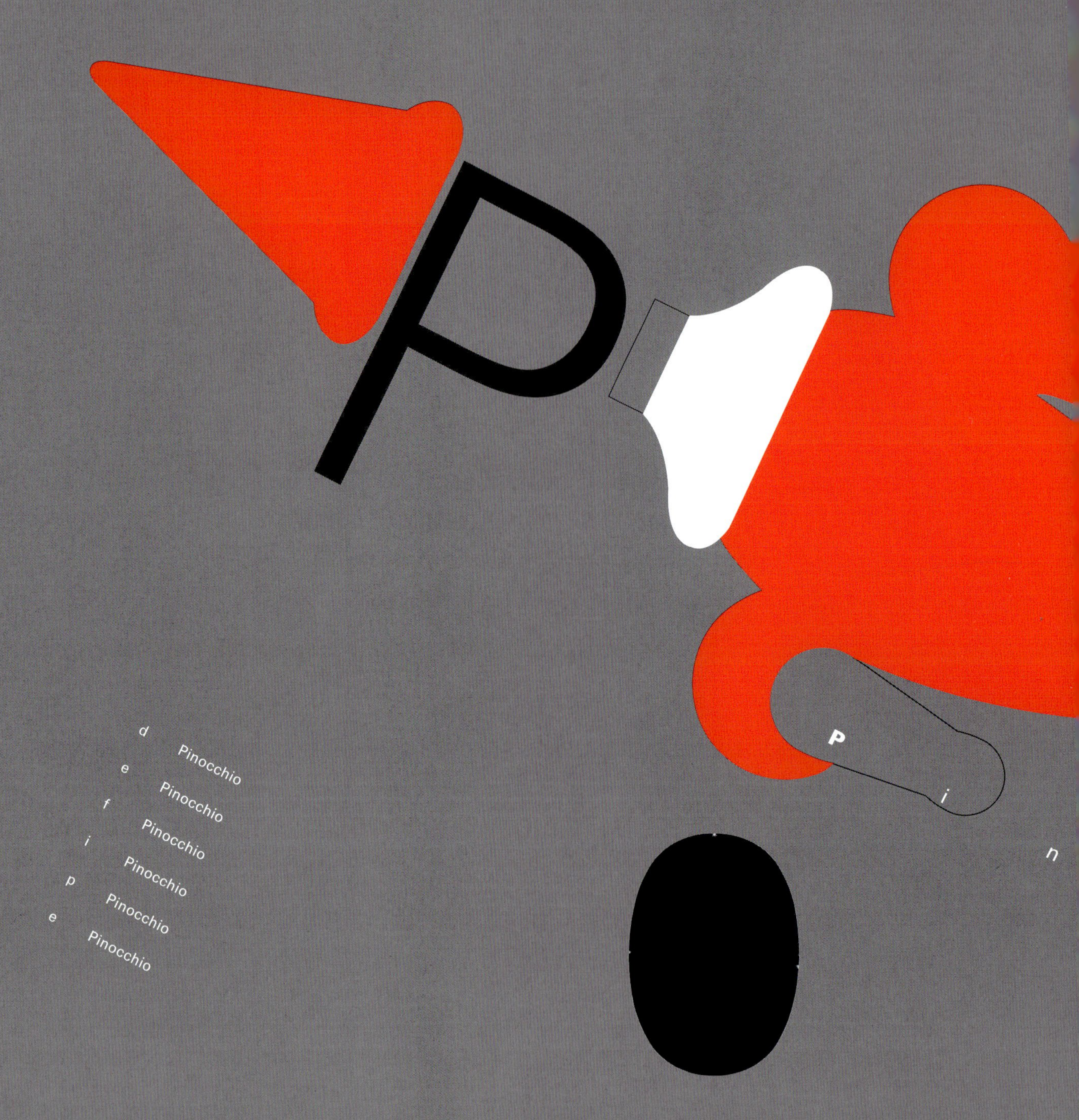
d   Pinocchio
e   Pinocchio
f   Pinocchio
i   Pinocchio
p   Pinocchio
e   Pinocchio
P
i
n

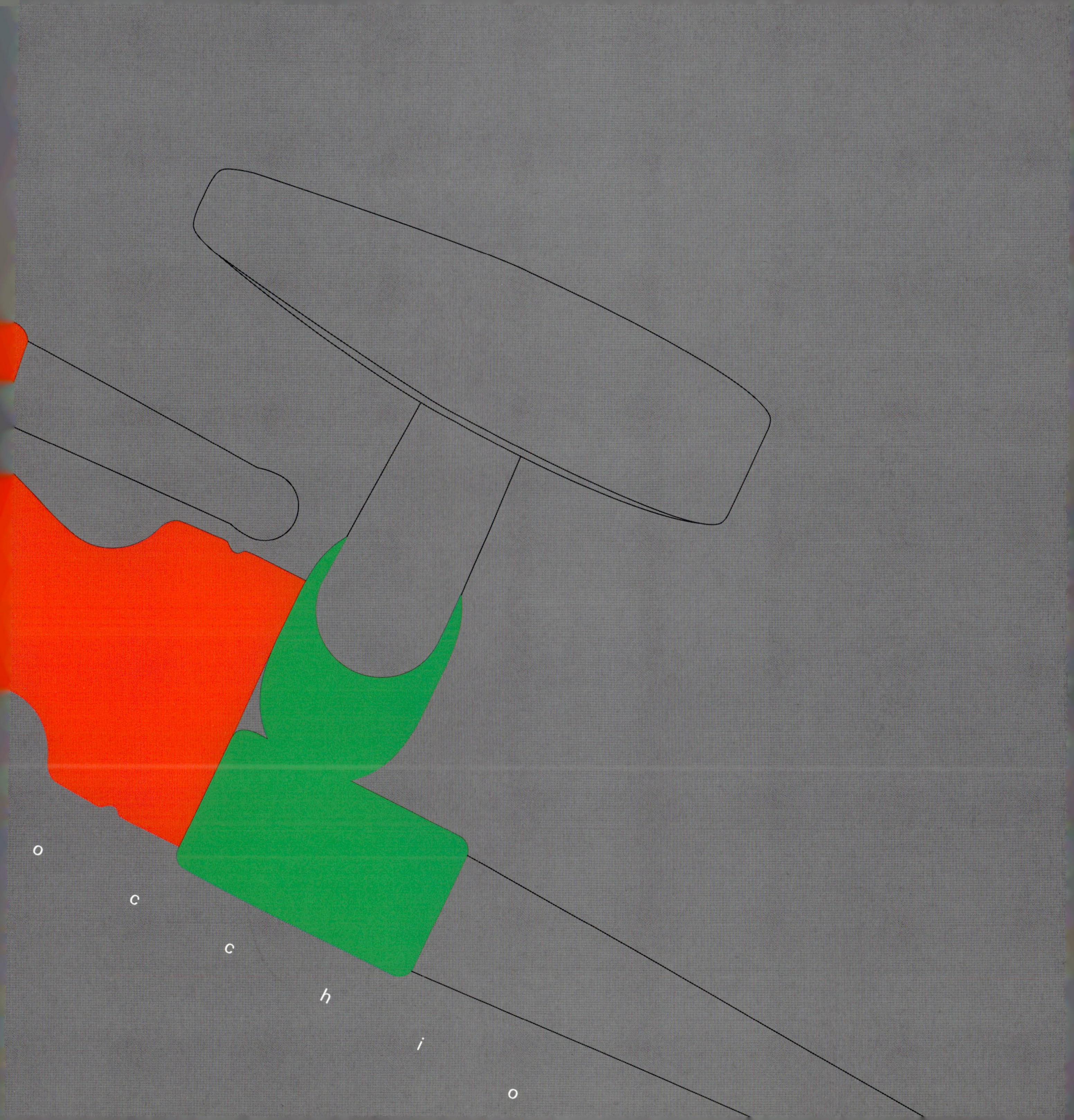
o
c
c
h
i
o

Q   u

a   t

r   d   a

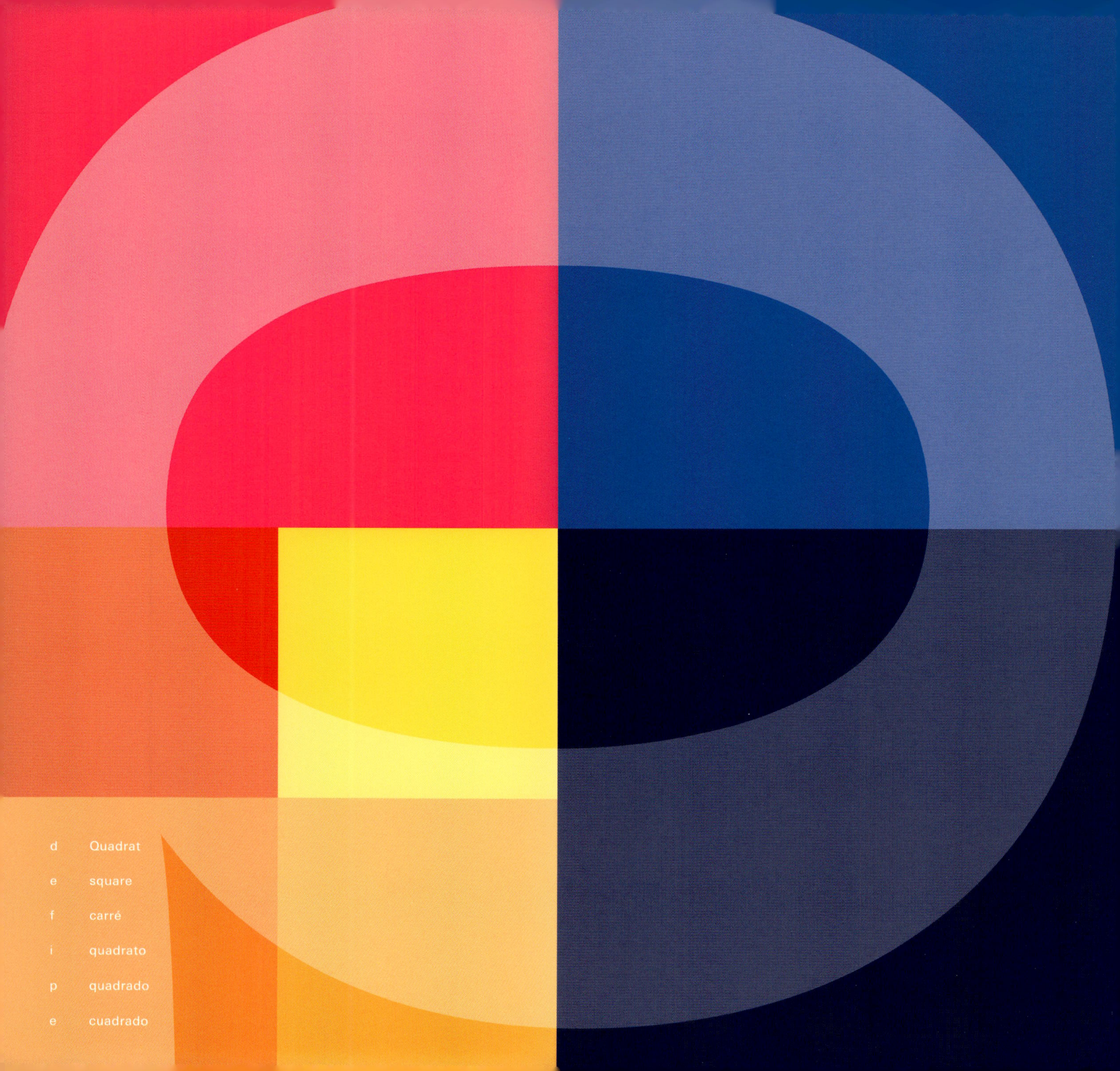

d   Quadrat
e   square
f   carré
i   quadrato
p   quadrado
e   cuadrado

d   Raupe
e   caterpillar
f   chenille
i   bruco
p   lagarta
e   oruga

RRRR

R   a   up   e

RRRRR

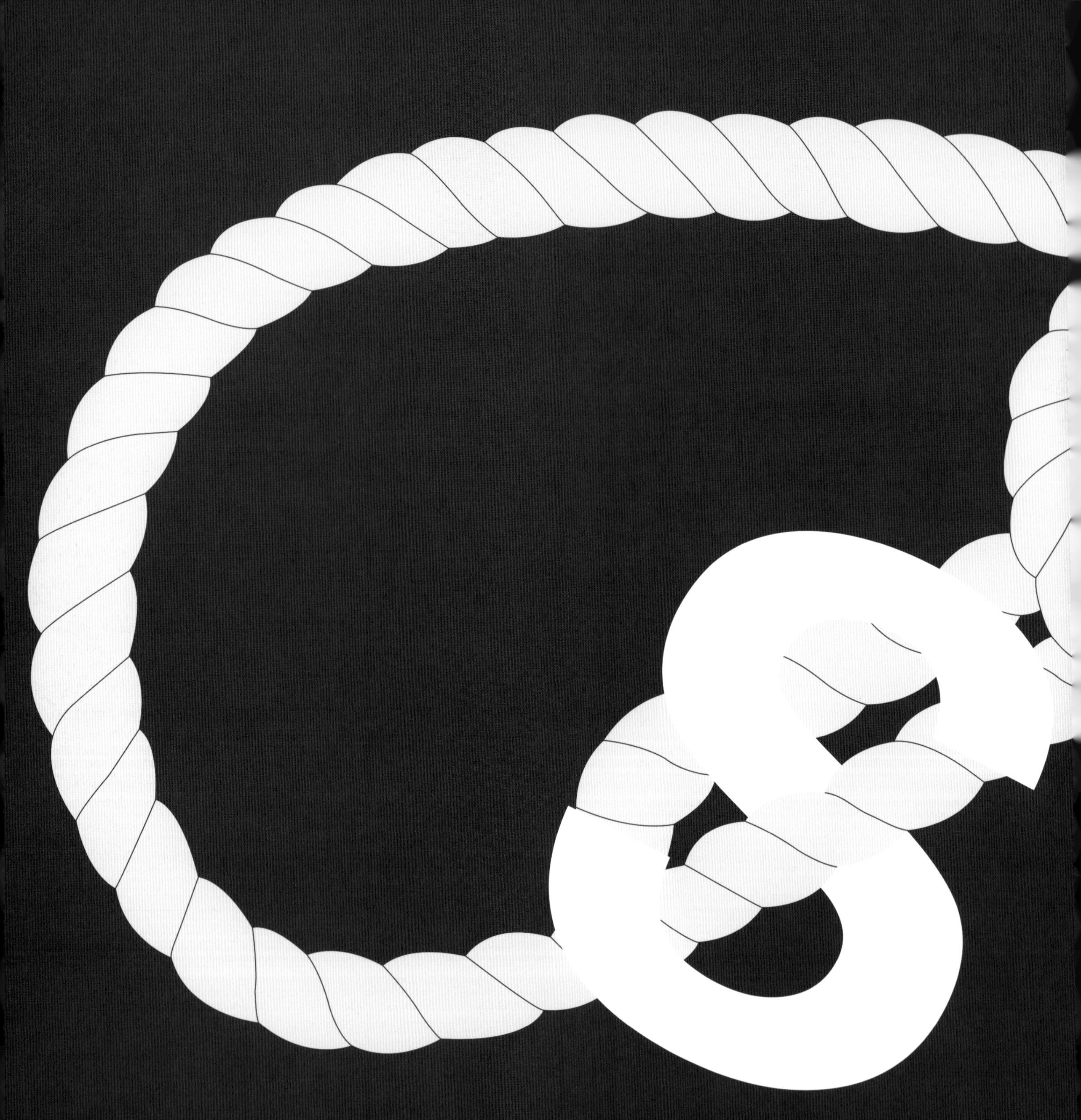

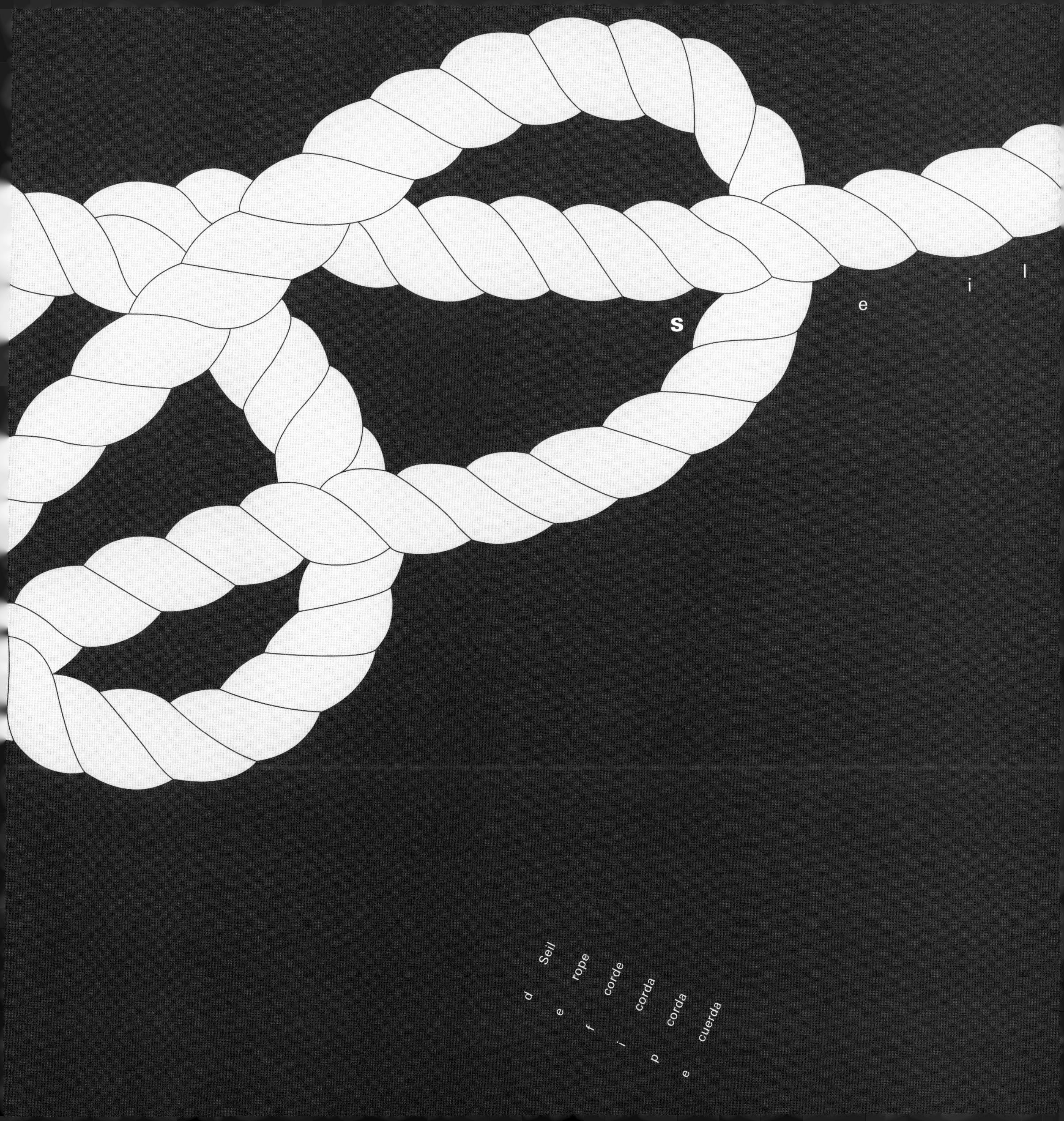

s
e
i
l
d   Seil
e   rope
f   corde
i   corda
p   corda
e   cuerda

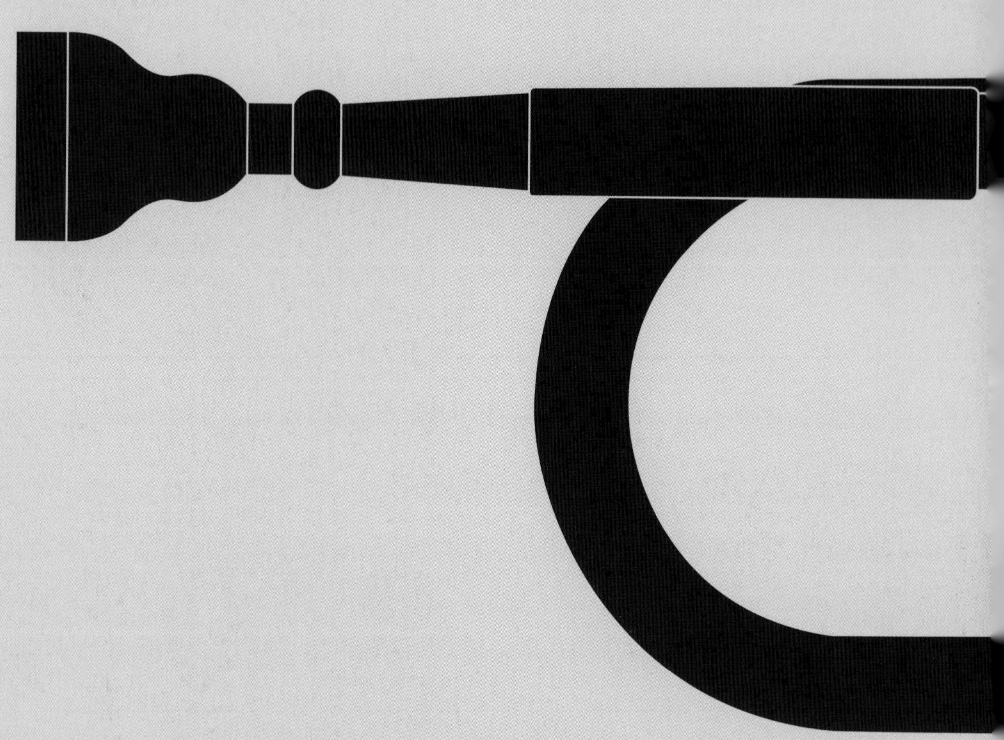

d   Trompete

e   trumpet

f   trompette

i   tromba

p   trombeta

e   trompeta

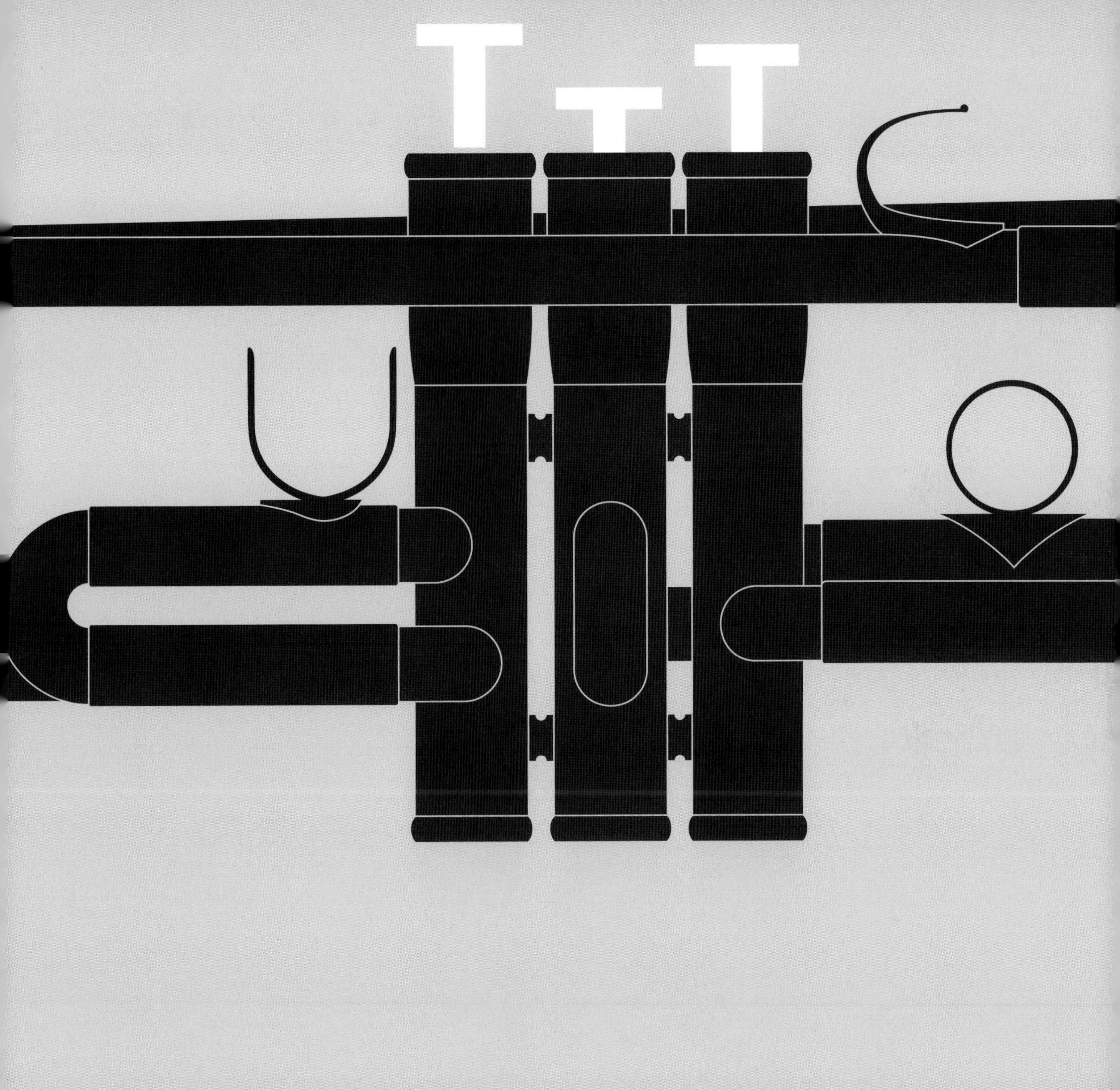

d　Uhu

e　owl

f　grand-duc

i　gufo

p　coruja

e　búho

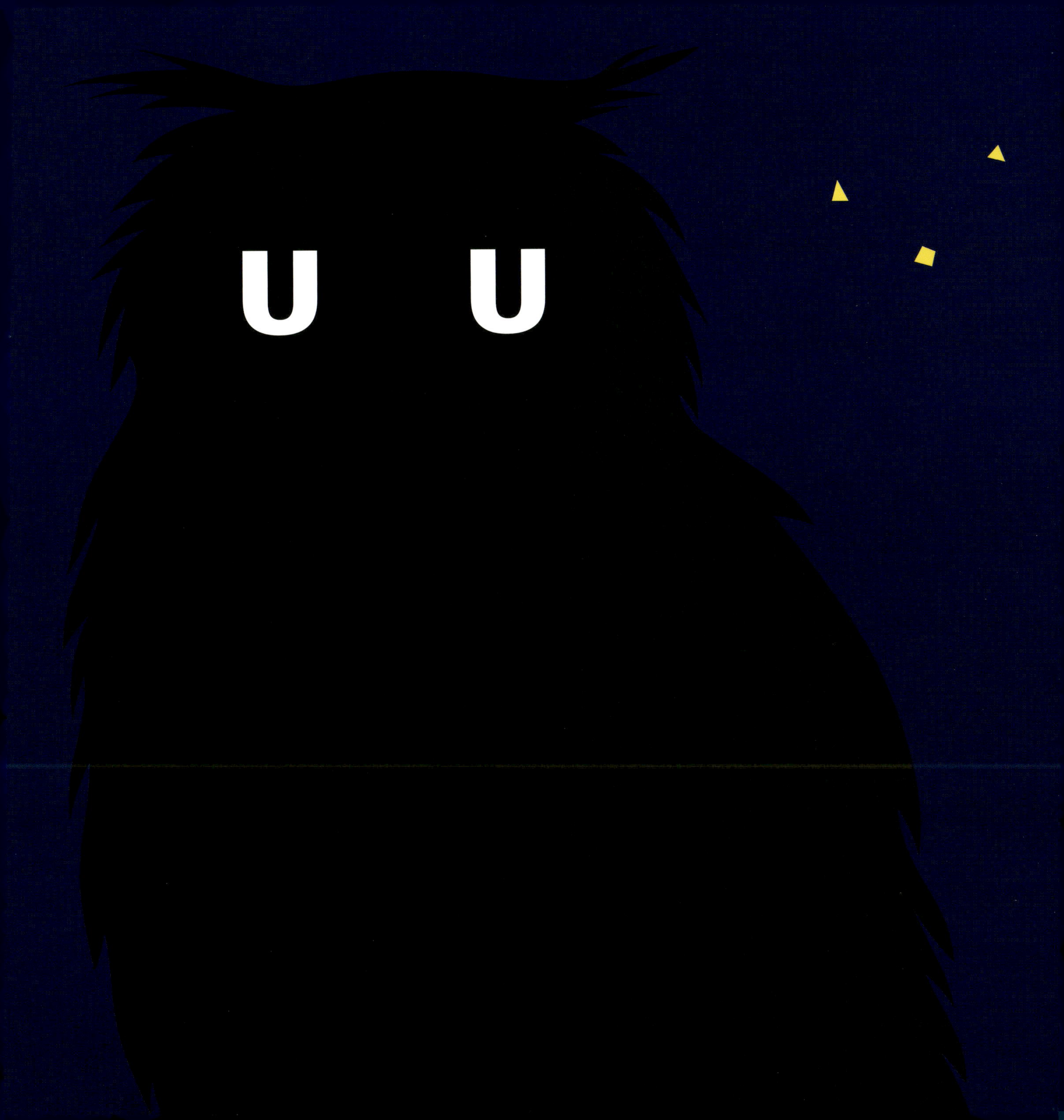

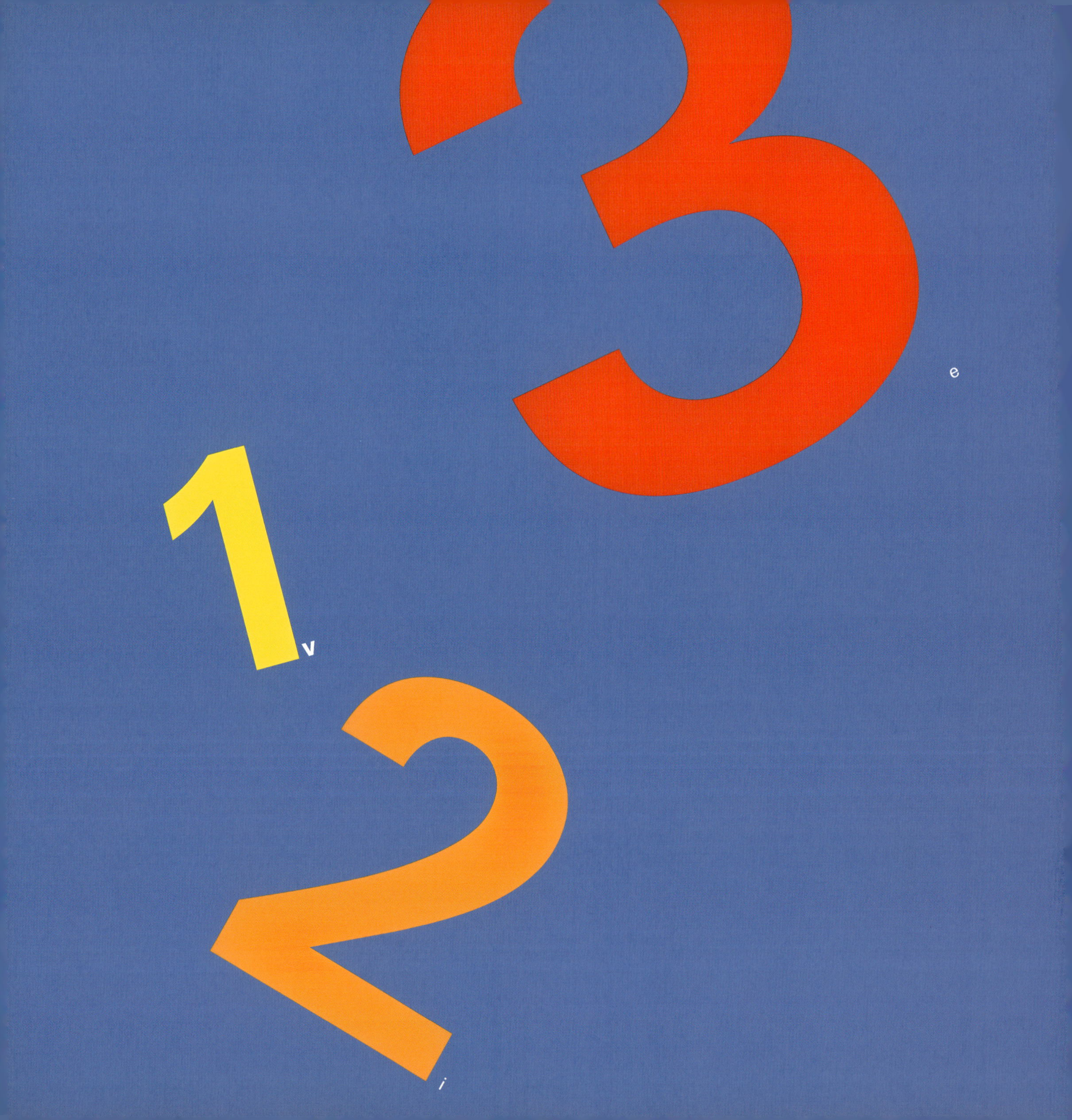
3
1
v
2
i
e

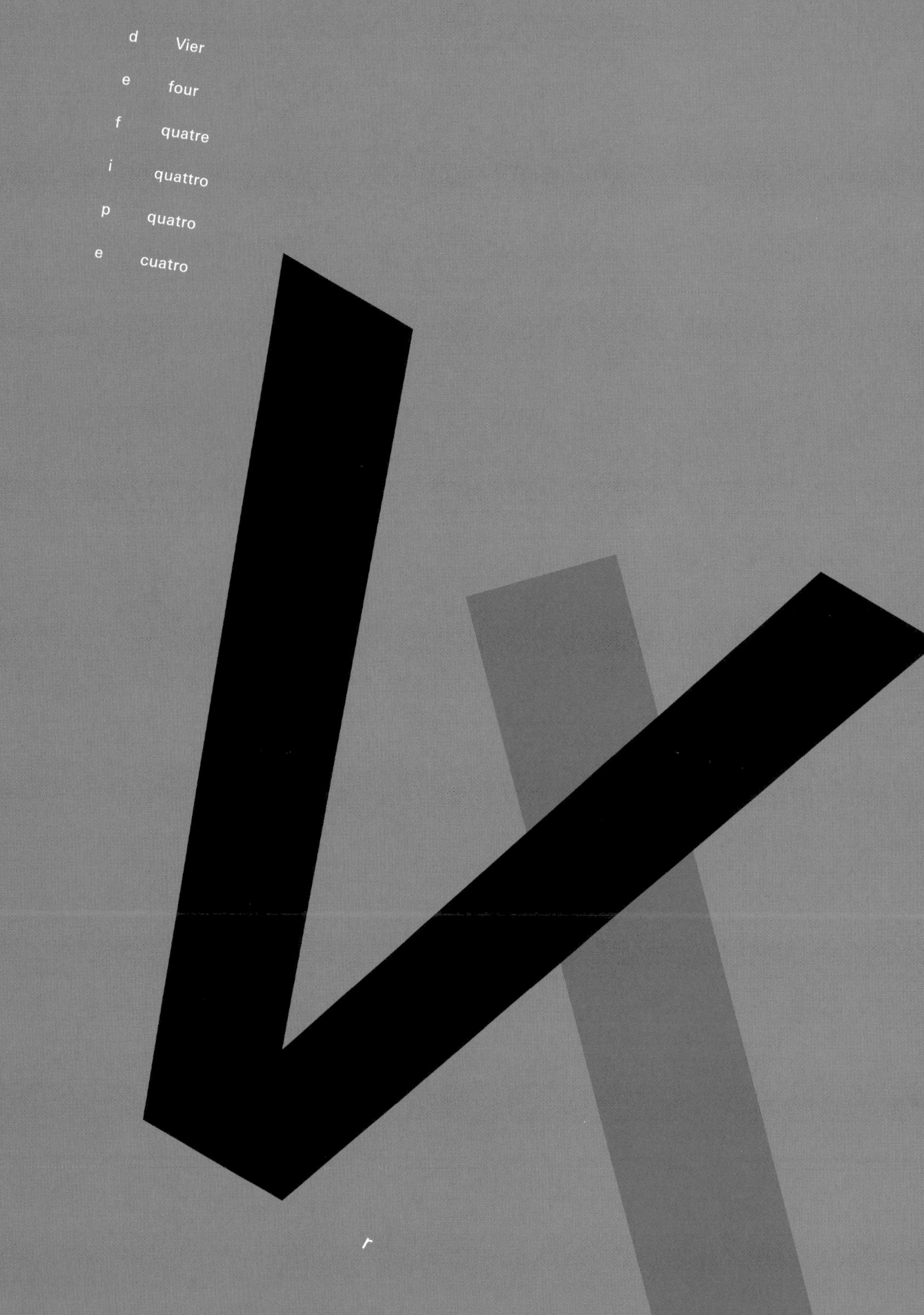
d   Vier
e   four
f   quatre
i   quattro
p   quatro
e   cuatro
r

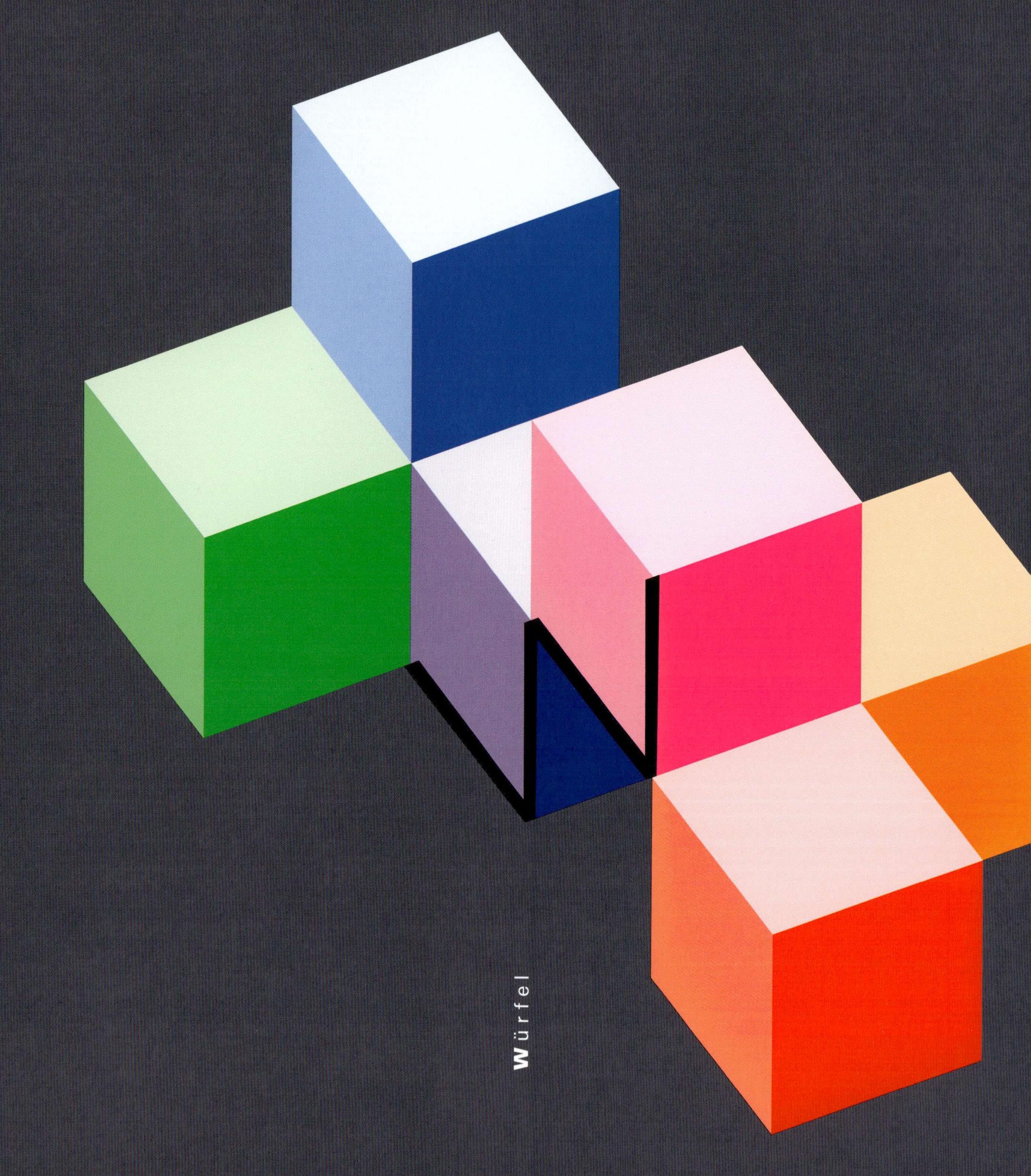

Würfel

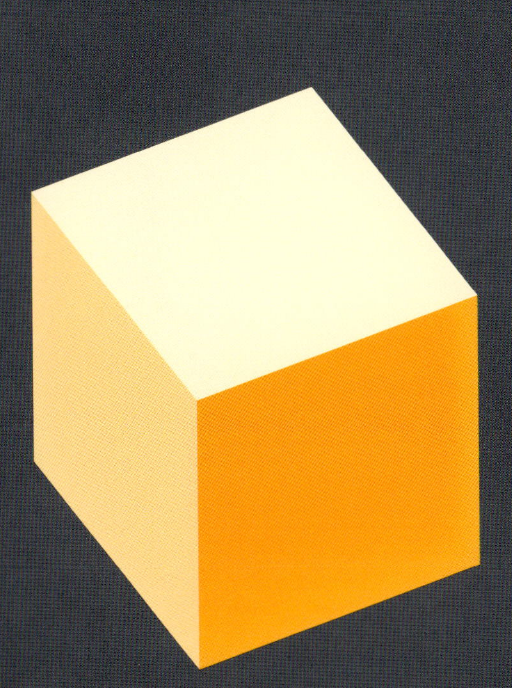
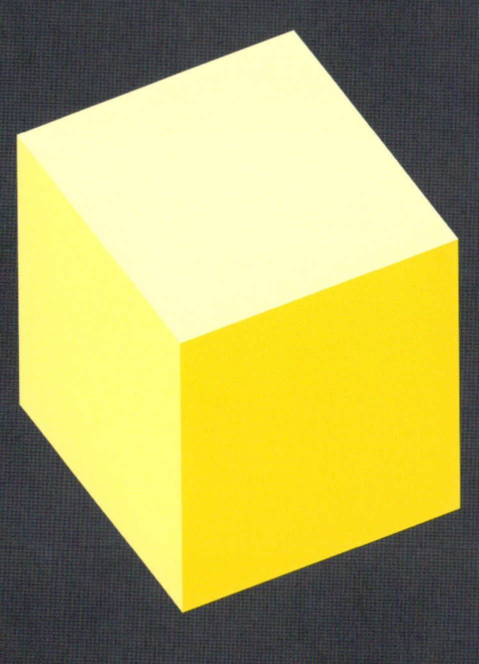

d Würfel
e cube
f cube
i cubo
p cubo
e cubo

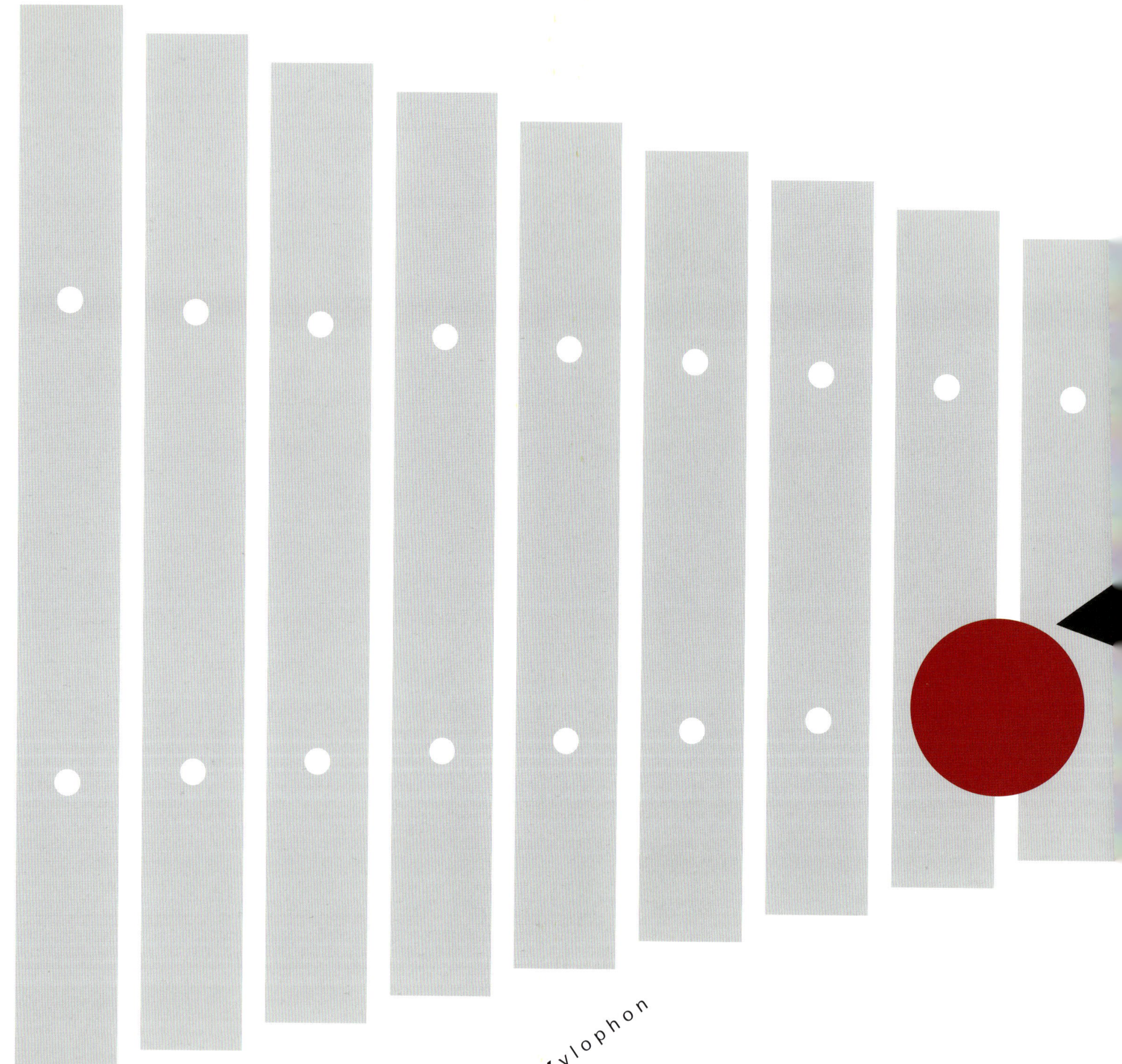

xylophon

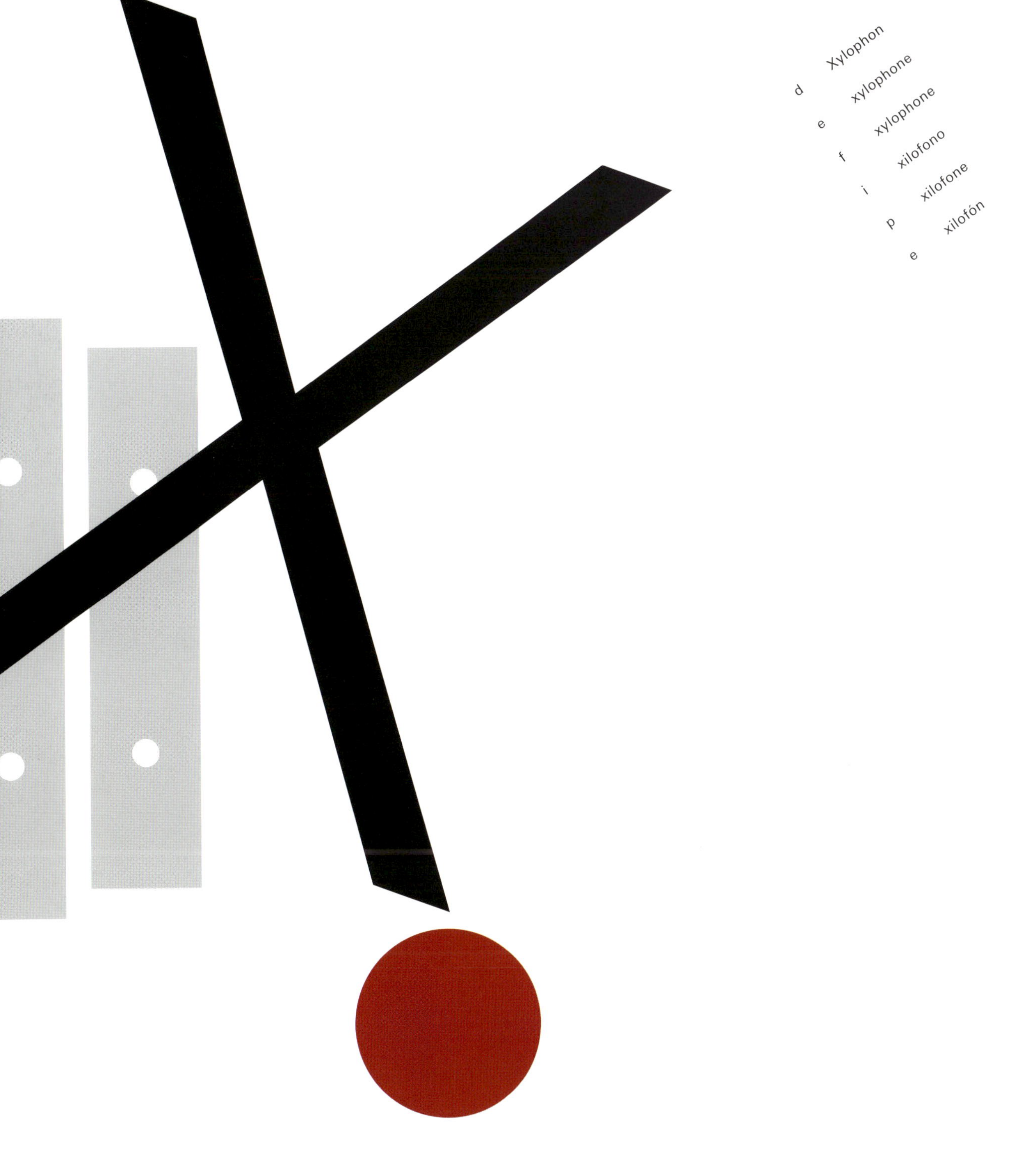

d   Xylophon
e   xylophone
f   xylophone
i   xilofono
p   xilofone
e   xilofón

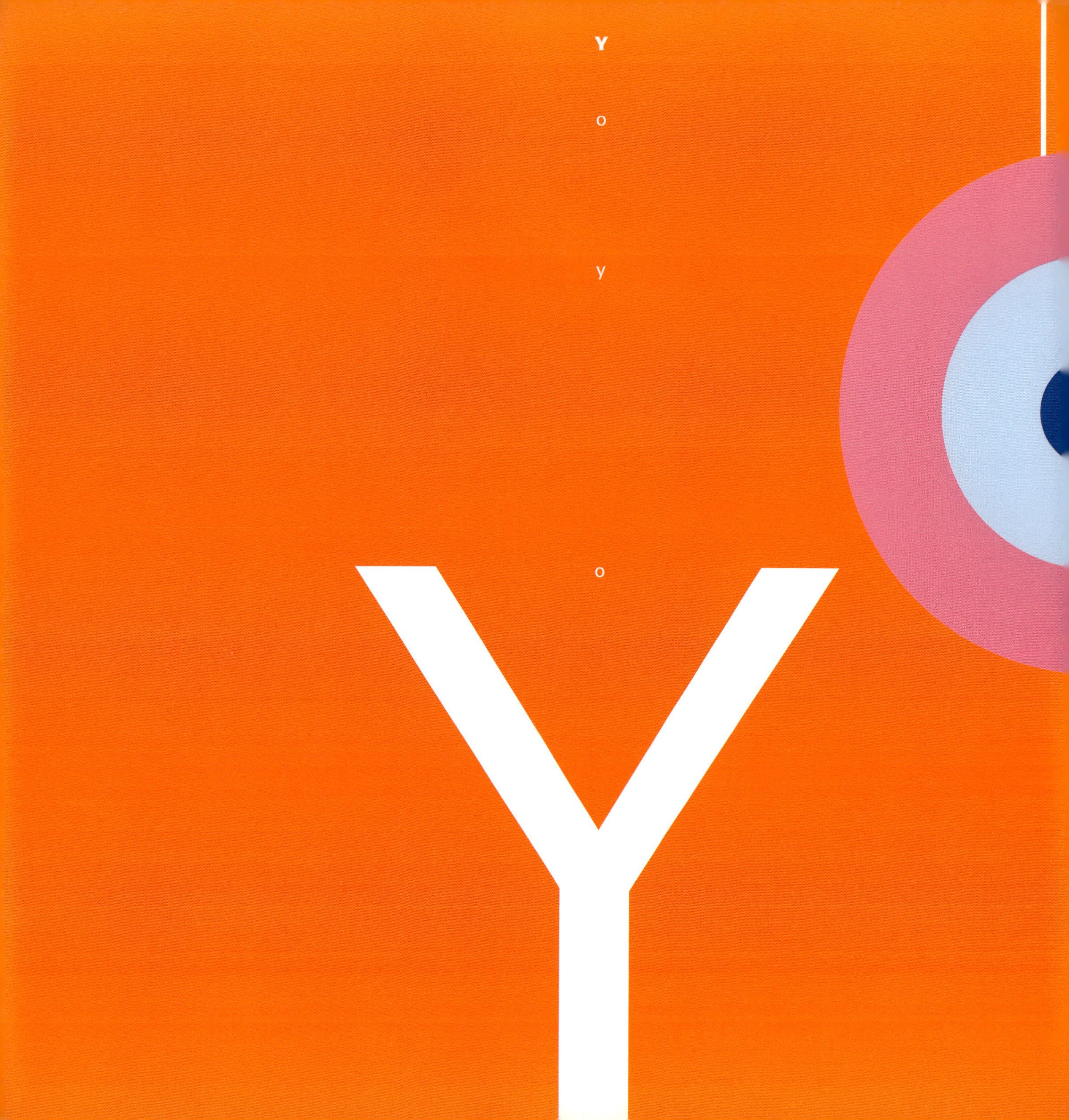
Y
o
y
o
Y

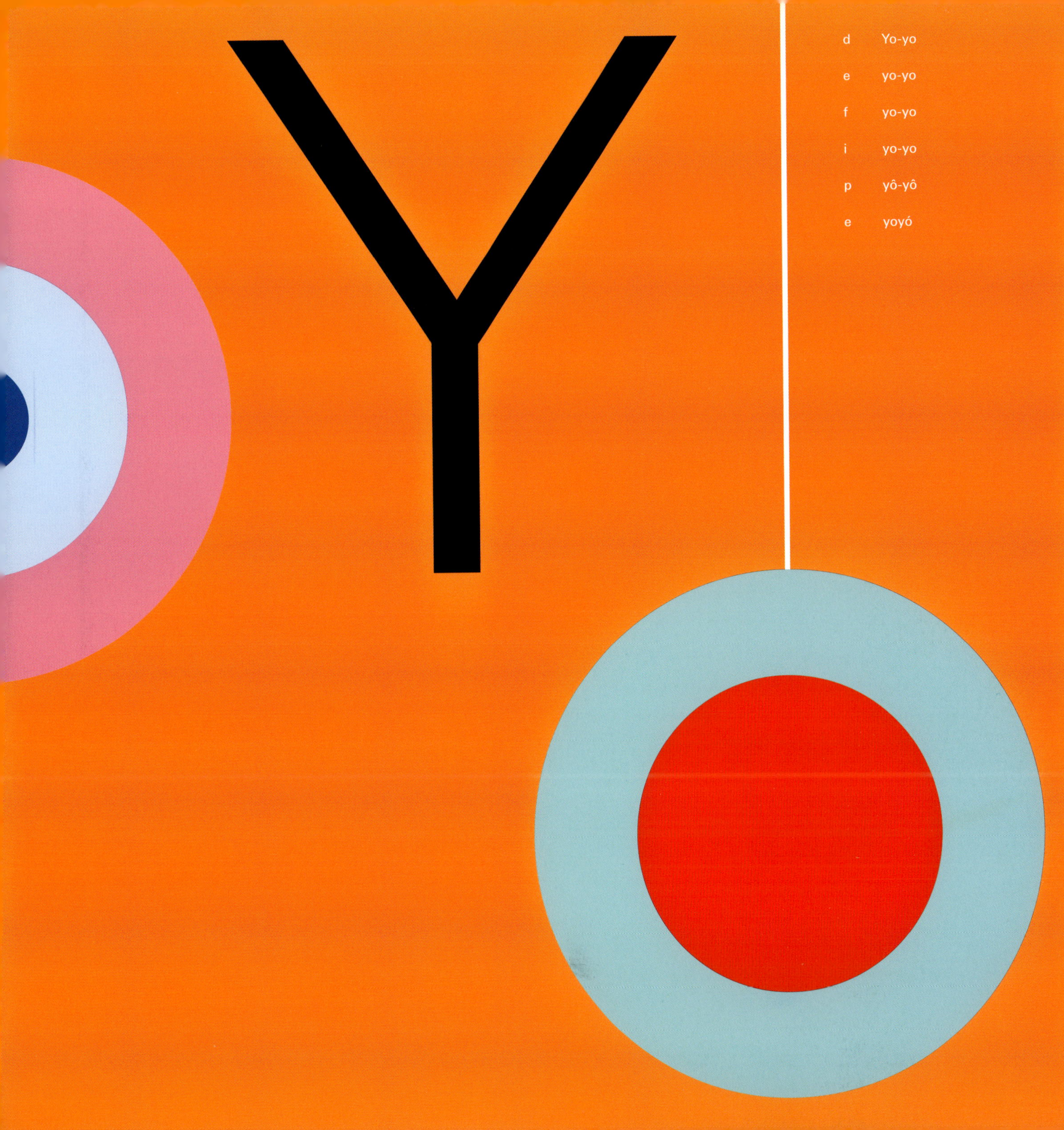
Y
O
d   Yo-yo
e   yo-yo
f   yo-yo
i   yo-yo
p   yô-yô
e   yoyó

d   Zange

e   pliers

f   pince

i   tenaglie

p   tenaz

e   tenazas

Zange

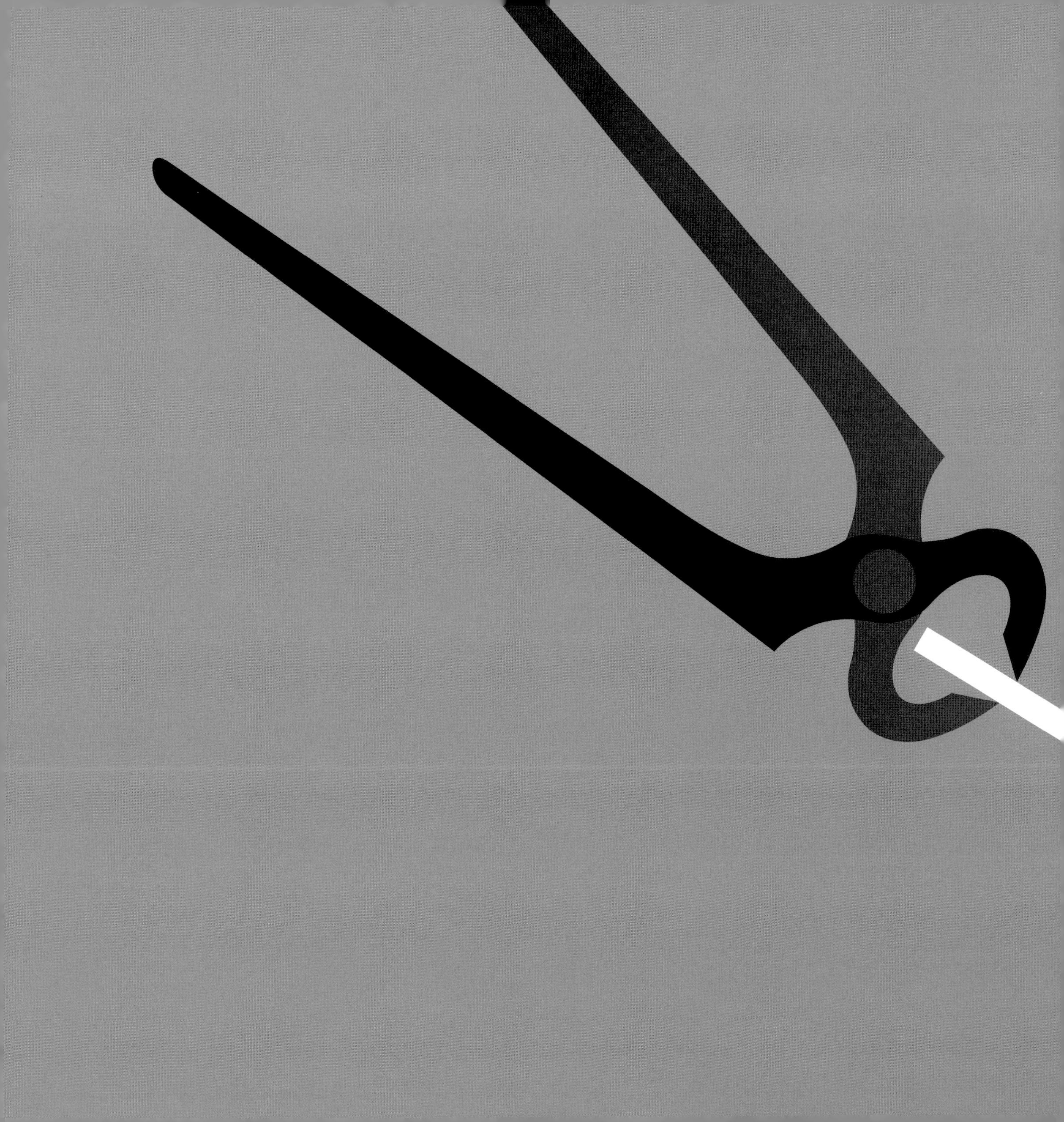

Concept and Design

Baumann & Baumann
Büro für Gestaltung

Taubentalstraße 4|1
73525 Schwäbisch Gmünd
Germany

Fon 00 49 71 71 92 79 90
Fax 00 49 71 71 92 79 99

info@baumannandbaumann.com
www.baumannandbaumann.com

Printed by

Dr. Cantz'sche Druckerei
Ostfildern-Ruit

Published by

Hatje Cantz Verlag
Senefelderstraße 12

73760 Ostfildern-Ruit
Germany

Fon 00 49 7 11 4 40 50
Fax 00 49 7 11 4 40 52 20

www.hatjecantz.de

Copyright 2003

Baumann & Baumann
Schwäbisch Gmünd

Hatje Cantz Verlag
Ostfildern-Ruit

Distribution in the US

D.A.P.
Distributed Art Publishers, Inc.

155 Avenue of the Americas,
Second Floor

New York, N.Y. 10012-1507
USA

Fon 0 01 2 12 6 27 19 99
Fax 0 01 2 12 6 27 94 84

ISBN 3-7757-9149-3
Printed in Germany

EIN BILDWÖRTERBUCH, EIN FREMDSPRACHENBUCH, EIN TYPOGRAFIEBUC

EINE GESCHICHTE UND VIELES ANDERE MEHR ...

IGELS, N WIE DIE MASCHE DES NETZES ...   SECHSUNDZWANZIG BUCHS

BUCHSTABEN ALS TEILE VON BILDERN ...   C WIE DIE NASE

WEITERMACHEN, WEITERRATEN ...   T WIE TROMPETE, T WIE TISCH, T WI

SECHSUNDZWANZIG BUCHSTABEN IN BILDERN ...

N FARBENBUCH, EIN ÜBERRASCHUNGSBUCH, EIN SPASSUNDSPIELBUCH,

N IN BILDERN ... ALS ANREGUNG ZUM WEITERDENKEN, WEITERSUCHEN,

I WIE DER STACHEL DES

CLOWNS,

STE, T WIE TUBE, T WIE TYPOGRAFIE, T WIE ...

EIN BILDWÖRTERBUCH, EIN FREMDSPRACHENBUCH, EIN TYPOGRAFIEBU

J K

EINE GESCHICHTE UND VIELES ANDERE MEHR ...   BUCHSTABEN ALS TE   M

IGELS, N WIE DIE MASCHE DES NETZES ... SECHSUNDZWANZIG BUCHS

WEITERMACHEN, WEITERRATEN ...   U V   T WIE TROMPETE, T WIE TISCH, T W